박시백의 조선왕조실록

18

헌종·철종실록

일러두기

2024 어진 에디션은 정사 《조선왕조실록》을 바탕으로 한 이 책의 특징을 드러내고자
어진과 공신화에서 모티브를 얻어 박시백 화백이 새롭게 표지화를 그렸다. (표지화 인물: 철종)

박시백의
조선왕조실록

The Veritable Records of
the Joseon Dynasty

18

The Veritable Records of
King Heonjong and Cheoljong

헌종·철종실록

Humanist

머리말

외환위기가 한창이던 때였다. 어쩌다가 사극을 재미있게 보게 되었는데 역사와 관련한 지식이 너무도 부족한 자신을 발견하게 되었다. 그도 그럴 것이 젊은 날에 본 역사서는 근현대사가 대부분이었고, 조선사에 대한 지식이라고는 중·고교 시절에 학교에서 배운 단편적인 것들이 거의 전부였다. 당시 나는 신문사에서 시사만화를 그리고 있었다. 다행히 신문사에는 조그만 도서실이 있었는데, 틈틈이 그곳에서 난생처음 조선사에 대한 여러 책을 접할 수 있었다.

조선사, 특히 정치사는 흥미진진했다. 거기에는 우리에게 익숙한 수많은 역사적 인물의 신념과 투쟁, 실패와 성공의 이야기가 있었고, 《삼국지》나 《초한지》 등에서 만나는 극적인 드라마와 무릎을 치게 하는 탁월한 처세가 있었다. 만화로 그리면 재미있겠다는 생각이 들었다. 몇 권 더 구해 읽다 보니 한 가지 궁금증이 생겼다. 어디까지가 정사에 기록된 것이고 어느 부분이 야사에 소개된 이야기인지가 모호했다. 이 대목에서 결심이 섰던 것 같다. 조선 정치사를 만화로 그리자, 그것도 철저히 《실록》에 기록된 정사를 바탕으로 그리자.

곧이어 다니던 신문사를 그만두고 《국역 조선왕조실록 CD-ROM》을 구입했다. 돌이켜보면 참 무모한 결심이었다. 특정한 출판사와 계약한 것도 아니고, 《실록》의 한 쪽도 직접 본 적 없는 상태에서 작업에 전념한다는 미명 아래 회사부터 그만두었으니. 내 구상만 듣고 아무 대책 없는 결정에 동의해준 아내에게도 뭔가가 씌웠던 모양이다. 궁궐을 찾아 사진을 찍고 화보자료를 찾아 헌책방을 기웃거렸다. 1권에 해당하는 부분을 공부한 뒤 콘티를 짜기 시작했다. 동네를 산책하면서도 머릿속에서는 항상 그 시대의 인물들이 이야기를 주고받고 다투곤 했다. 어쩌다 어떤 인물의 행동이 새롭게 이해되기라도 하면 뛸 듯이 기뻤다.

마침내 펜선을 입히면서 수십 장이 쌓인 뒤 처음부터 읽어보면 이게 아닌데 싶어 폐기하기를 서너 번, 그러다 보니 어느새 1년이 후딱 지나가버렸다. 아무런 결과물도 없이 1년이 흘렀다고 생각하니 슬슬 걱정이 차오르기 시작했다. 이러다간 안 되겠다 싶어 100여 장의 견본을 만들어 무작정 출판사를 찾아가기로 했다. 그렇게 견본을 만든 후 몇 군데에서의 퇴짜는 각오하고 출판사를 찾아가려던 차에 동료 시사만화가의 소개로 휴머니스트를 만나게 되었고, 덕분에 다른 출판사들을 찾아가지는 않아도 되었다.

이 만화를 그리며 염두에 둔 나름의 원칙이 있다면 이랬다.
첫째, 정치사를 위주로 하면서 주요 사건과 해당 사건에 관련된 핵심 인물들의 생각과 처신을 중심으로 그린다.
둘째, 《실록》의 기록을 바탕으로 하면서 학계의 최근 연구 성과를 적극 고려하고 필자 스스로도 적극적으로 해석에 개입한다.
셋째, 성인 독자들을 주된 대상으로 삼되, 청소년들과 역사에 관심이 남다른 어린이들이 보아도 무방하게 그린다.

흔쾌히 출판을 결정해준 휴머니스트 김학원 대표와 책이 나오는 데 애써준 휴머니스트 식구들에게 감사드린다. 그리고 언제나 곁에서 응원해주고 적절히 비판해주는 아내와 사랑하는 두 딸! 고맙다.

2003년 6월

세계기록유산은 모두의 것이며,
모두를 위해 온전히 보존되고 보호되어야 하며,
문화적 관습과 실용성을 충분히 인식하여
모든 사람이 장애 없이 영구적으로 접근할 수 있어야 합니다.

The world's documentary heritage belongs to all,
should be fully preserved and protected for all and,
with due recognition of cultural mores and practicalities,
should be permanently accessible to all without hindrance.

―〈유네스코 '세계의 기억' 프로그램의 목표〉 중에서

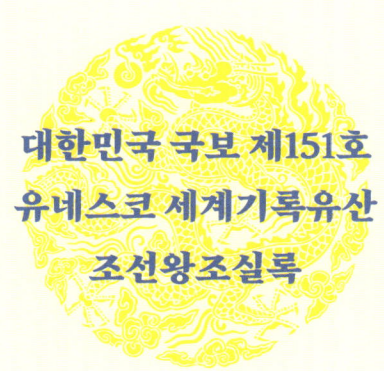

대한민국 국보 제151호
유네스코 세계기록유산
조선왕조실록

진실성과 신빙성을 갖추고
25대 군주, 472년간의 역사를 6,400만 자에 담은
세계에서 가장 장구하고 방대한 세계기록유산,
세계인이 기억해야 할 위대한 유산
《조선왕조실록》의 세계로 초대합니다.

차례

머리말 4
등장인물 소개 10

제1장 안동 김씨 천하 I

명경대비 수렴청정 14
기해사옥 20
김유근과 김좌근 27
전면에 나선 안동 김씨 32

제2장 헌종의 노력

왕은 왕이로되 40
안동 김씨에 맞서다 46
풍양 조씨의 시대? 57
일찍 온 죽음 66

제3장 안동 김씨 천하 II

강화 도령 원범 74
명경대비 2차 수렴청정 81
막가는 안동 김씨의 세도 87
임금 철종 100

제4장 민란시대

삼정의 문란 114
진주민란 120
민란 도미노 125
삼정 개혁 프로젝트 133

제5장 격변의 동아시아

아편전쟁과 중국의 굴욕 144
일본은 개항으로 159
사대부의 조선 500년 165
조선의 대응 188
철종이 떠나고 197

작가 후기 204
《헌종·철종실록》연표 206
조선과 세계 211
The Veritable Records of the Joseon Dynasty 212
Summary: The Veritable Records of King Heonjong and Cheoljong 213
세계기록유산,《조선왕조실록》 214
도움을 받은 책들 215

등장인물 소개

헌종
조선 제24대 임금으로 안동 김씨의 세도를 꺾으려 했다.

명경대비 (순원왕후)
순조의 비로, 헌종·철종 양대에 걸쳐 수렴청정을 했다.

철종
조선 제25대 임금.

고종

흥선대원군

효유대비 (신정왕후)
효명세자의 빈으로 고종 초 수렴청정을 맡았다.

김대건
조선인 최초의 신부.

김유근과 김홍근
김조순이 죽은 뒤 헌종 초까지 안동 김씨 세도의 핵심 인물들.

정하상
신유박해 뒤 교회의 재건에 힘썼다.

정원용

조만영, 조병구, 조병현, 조인영
풍양 조씨의 대표 인물들이다.

이지연
우의정으로 기해박해를 주도했으나 안동 김씨의 배척을 받는다.

권돈인

김정희
안동 김씨의 미움을 사 오래 유배 생활을 한다.

기해박해 때 처형된 프랑스 신부들

박규수
진주민란을 수습하며 삼정 개혁을 적극 주장했다.

임칙서

페리 제독

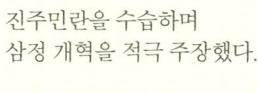
백낙신
진주민란을 촉발한 장본인.

김흥근과 김좌근
헌종 중반 이후부터 철종 연간의 안동 김씨 세도를 이끈다.

김좌근의 애첩

최제우
동학의 창시자.

김대건 생가
충남 당진군 우강면 송산리에 있는 김대건의 생가로, 가톨릭교회에서는 이곳을 솔뫼성지로 부른다. 조선인 최초의 신부로 헌종 12년(1846)에 순교한 김대건은 1984년 내한했던 교황 요한 바오로 2세에 의해 성인으로 선포되었다.

제1장

안동 김씨
천하 I

명경대비 수렴청정

또한 반남 박씨도 우대했다. 다른 가문과의 연대라는 김조순의 원칙을 이어받은 것이다.

그렇기도 하지만 정권 초에 너무 욕심을 드러내 보였다간 안티를 양산할 수 있을거랑

맞슴다 형님

대왕대비는 헌종이 열다섯 살이 될 때까지 7년간 수렴청정했다.

이전과 마찬가지로 대부분의 정사는 안동 김씨의 주도 아래 몇몇 가문이 장악한 비변사에서 이루어졌고

그녀는 남편 순조처럼 백성의 생활과 수령의 선발, 관리에 관심을 쏟았다.

삼정의 문란과 탐관오리의 수탈로 백성은 떠돌고 나라의 곳간은 비어가던 시절이었기에

기해사옥

예순대비 시절의 혹독한 탄압에도

천주교를 신봉하는 이들은 사라지지 않았다.
살아남은 이들은 지하로 숨어들어 신앙 활동을 이어갔다.

정하상은 신유박해 때 처형된 정약종의 아들.

당시 어려서 목숨을 건진 그는 이제 천주교의 핵심 인물로 성장했다.

조선 교회에 대한 지원을 얻어내기 위해 위험을 무릅쓰고 여러 차례 중국을 다녀오는 등

중추적 역할을 맡았던 정하상, 역관 유진길 등은 국청에서 엄한 조사를 받았다.

조정은 서양인 신부들의 처형에 일말의 걱정이 없지 않았지만, 청나라 신부 주문모를 처형한 전례를 좇기로 했다.

헌종 5년 8월, 서양인 신부 3명과 정하상 등이 처형되었다.

이후로도 처형은 이어져 한 해 동안 70여 명이 처형되었다 한다.

다음은 정하상이 체포되고 바친 〈상재상서〉의 일부이다.

…… (우리더러) 아비를 없다 하고 임금을 없다고 한다 함은 성교의 뜻을 알지 못함입니다. 십계명의 네 번째에 부모를 공경하라 했습니다. 무릇 충효 두 글자는 만대에 바꿀 수 없는 도리입니다. 부모의 뜻을 받들고 몸을 봉양함은 사람의 자식으로서 마땅히 해야 할 일이어서 천주교를 받드는 사람은 더욱 간절히 삼가고 있습니다. 그러므로 부모를 섬기되 그 예를 다하고 봉양하되 그 힘을 다합니다. ……

이것이 어찌 무군무부(無君無父)의 학이겠습니까?

정하상은 천주교의 교리를 설파함은 물론 이렇게 자신들에게 가해지는 이념 공격에 대해서도 적극 해명하고 있습니다.

헌종 11년, 마카오로 유학 갔던 김대건이 신부가 되어

제3대 조선 주교로 임명된 페레올과 함께 입국했다.

비밀리에 전도 활동을 펴나가던 김대건은

이듬해 5월, 서양 선교사와의 연락 및 입국 뱃길을 열기 위해 서해의 섬에 나갔다가 체포되었다.

신부님!

그에 대한 처리는 때마침 프랑스 배가 충청도 해안에 정박해 자국 신부 처형에 대해 항의한 일과 같은 자리에서 논의되었다.

불랑국의 글을 보았소?

예, 이들은 영길리와 같은 서양의 무리로…

김대건은 어떻게 처리하는 게 옳겠는가?

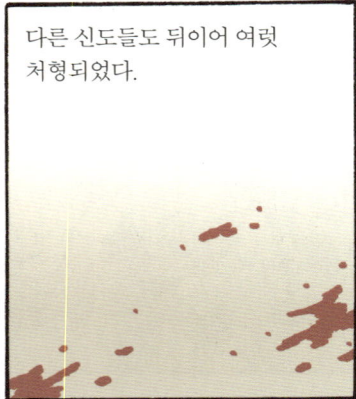

김유근과 김좌근

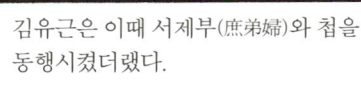

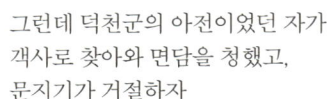

조경진이라는 이가 나서서 첩을 부임지로 데리고 간 일을 탄핵하자

대리청정 중이던 효명세자는 격노해 오히려 그를 절도에 위리안치시킴으로써 김유근을 위로했다.

체면은 좀 상했지만 정치적으로 큰 흠은 되지 않았다.

그는 대왕대비가 수렴을 거두기 직전에 죽는데, 《실록》의 줄기는 이렇게 적고 있다.

'순조 32년 이후 군국의 사무가 그 몸에…'

순조 32년 이후, 즉 김조순 사후 최고의 실력자로 자리를 잡았다는 이야기이다.

대를 이어 아부하자.

헌종 즉위 후 그의 입지는 더욱 탄탄해졌다.

그러나 마지막 2년여는 중풍으로 말을 잃어 정치 일선에서 물러나야 했다.

대왕대비가 모든 일을 상의하는 상대였기 때문이다.

그가 쓰러진 이후 대왕대비의 자문을 맡은 이는 김홍근.

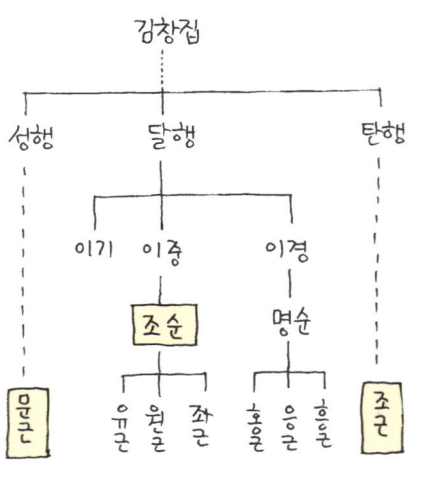

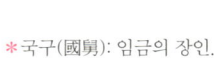
는 국구임

헌종 7년에 좌의정에 올라 명실상부한 실력자가 되는가 싶더니

*국구(國舅): 임금의 장인.

이듬해 죽고 만다.

이들을 이어 안동 김씨의 중심으로 떠오른 이는 김유근의 동생 김좌근과 김홍근의 동생 김흥근이었다.

특히 김좌근!

그는 순조 25년 김조순의 회갑 때 6품직에 제수되지만

이후 별다른 벼슬 생활은 하지 않았다.

헌종 4년이 되어서야 마흔둘의 나이로 급제하고

빛의 속도로 출셋길을 달렸다. 부교리, 규장각 직각, 이조 참의, 이조 참판, 공조 판서 등을 거쳐 채 4년이 안 되어 이조 판서에 오른 것.

전면에 나선 안동 김씨

절도에 위리안치면 충분하고도 남을 죄였는데, 뜬금없이 이때에 와서 재론되며 역적으로 죽어야 했다.

김노경은 여러 혐의로 벌을 받았다가 순조 말년에 사면된 뒤 죽었는데, 이때에 와서 추탈된 것.

우의정 조인영은 그의 아들 김정희까지 처리할 것을 요구했다.

경릉

경기도 구리시 동구릉에 있는 헌종의 능으로, 왕과 두 왕비가 나란히 묻힌 조선 유일의 삼연릉이다.
우왕 좌비의 원칙에 따라 오른쪽부터 헌종, 효현왕후, 효정왕후 순이지만,
마치 안동 김씨인 효현왕후를 헌종과 효정왕후가 옆에서 모시는 것 같은 인상을 준다.

제2장

헌종의
노력

왕은 왕이로되

헌종 6년 12월

6년 2개월을 이어온 명경대비(순원왕후)의 수렴청정이 끝났다.

4세에 세손으로 책봉되고

8세에 즉위한 헌종.

경연에 착실히 임하고

정사를 논하는 자리에 참여해 귀 기울이며 수렴청정의 시간을 보냈다.

친정이 시작된 헌종 7년, 그러나 아직은 열다섯 소년의 나이.

안팎의 정사는 여전히 안동 김씨가 장악한 비변사에 의해 처리된다.

그들이 추천한 인물들을 추인하고

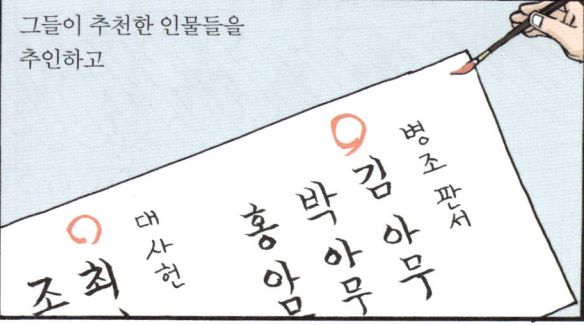

*주석(柱石): 기둥과 주춧돌. 가장 중요한 자리에 있거나 중요한 구실을 하는 사람을 뜻함.

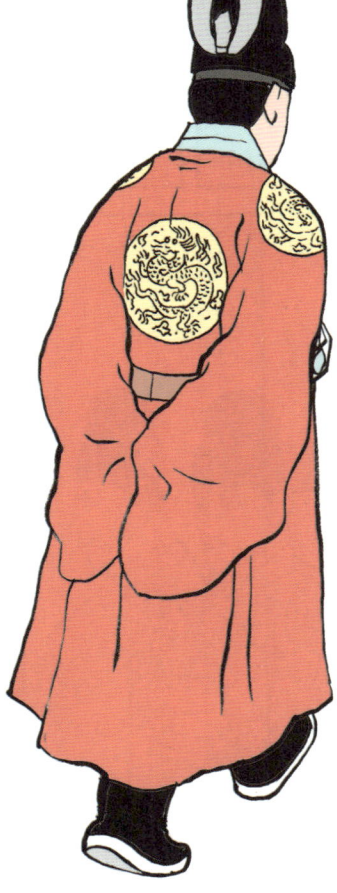

안동 김씨에 맞서다

이듬해인 헌종 13년

이조의 추천 없이 서희순을 이조 판서 겸 총위대장에

갑툭튀는 아니고 원래 우리 대구 서씨도 잘나가는 가문이라네

이유수를 훈련대장에 앉힌다.

비록 이해에 대표적인 척신들인 박기수, 김좌근, 조병현을 잇달아 병조 판서에 앉히긴 했지만

외척을 5영의 대장 자리에서 배제하는 전해의 흐름을 이어간 것이다.

그리고 왕은 사대부 지배체제의 핵심적 폐단 한 가지를 제기한다.

수령의 장죄(臟罪)에 대한 법률의 개정을 요구한 것.

우의정 박회수가 난색을 표하자

더욱 단호히 자신의 주장을 밝혔다.

조병현에게 귀양의 벌을 내리시어 뭇 사람의 분노가 풀리고 왕법이 바로 펴지게 하소서.

구체적인 지적 없이 막연히 치부하고 권력을 농단한다고 공격한 것.

이 사람의 일이 어찌 이 지경에 이르렀겠는가? 논하는 것이 매우 충후하지 못하다.

윤행복을 파직하라.

그러자 양사가 뒤이어 연일 조병현의 귀양을 요구하고 나선다.

왕이 한 발짝 물러섰다.

근일 조정에서 하는 말이 옳은지 모르겠으나 허실을 떠나 이런 말을 듣게 되었으니

한편으론 이미 일어난 공론을 따르고 다른 한편으론 끝내 보전하는 은혜를 지키는 것이 모두 어그러지지 않을 것이니 조병현을 거제에 유배하라.

삼사는 받아들이지 않고 더 큰 처벌을 요구하고 나섰다.

조병현의 죄는 너무도 커서 그 정도론 아니 되옵니다.

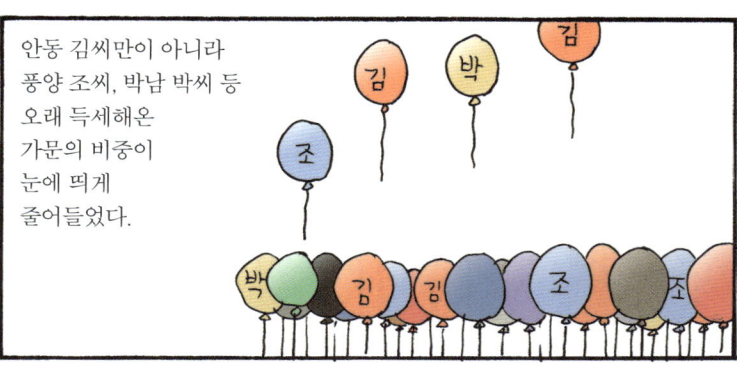

*궁위(宮衛): =궁궐

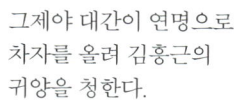

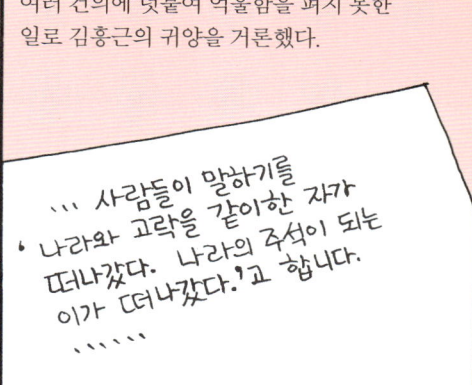

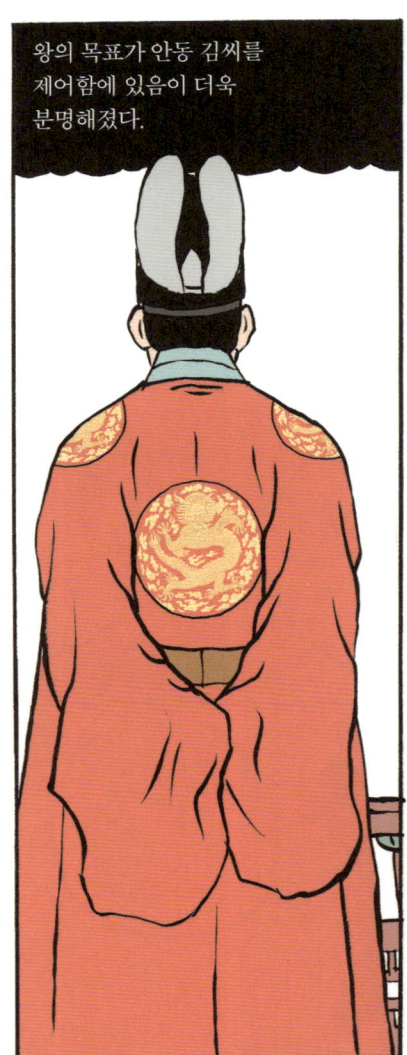

왕의 목표가 안동 김씨를 제어함에 있음이 더욱 분명해졌다.

다만 잘 보아야 할 것은 안동 김씨를 제어하기 위해 풍양 조씨에게 힘을 실어주는 방식이 아니었다는 사실이다.

以趙制金

왕은 정조처럼 척신정치 자체를 척결하고자 했던 것으로 보인다.

어쨌거나 주요 표적이 된 안동 김씨 일문에는 위기감이 엄습해왔다.

풍양 조씨의 시대?

흔히 순조조에서 헌종조에 이르는 시기를
안동 김씨의 세도에 풍양 조씨가 맞서고

특히 헌종 초는 풍양 조씨의 세도가
대등했거나 심지어 상대적 우위를
점했던 때로 설명된다.

그러나 필자가 보는 이 시기는
안동 김씨의 주도 아래 풍양 조씨,
반남 박씨의 세도가 시작되고

안동 김씨의 위세가 점점 확대되어간 시기다.

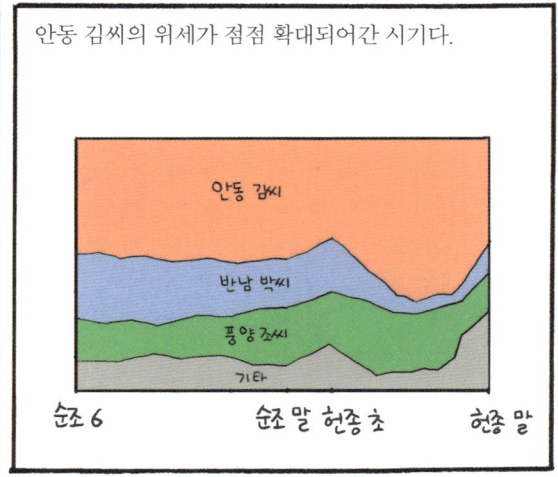

순조 때로
거슬러
올라가보자.

반남 박씨와 손잡고 벽파를 몰아낸 김조순은 조정 제일의 실력자로 부상했다.

풍양 조씨의 등장은 조득영이 벽파 정승 김달순을 탄핵하는 소를 올린 데서 비롯됐다.

순조는 그를 중용했고, 그의 가문에서 세자빈을 취했다.

이어 세자빈의 아비인 조만영과 그의 아우 조인영이 차례로 중용되었다.

노련한 김조순은 반남 박씨는 물론 풍양 조씨까지 끌어들여 조정을 장악했다.

보통 순조가 효명세자에게 대리청정을 시킨 일을 안동 김씨를 제어하기 위해서였다고 해석한다.

헌종기를 풍양 조씨 세도기, 혹은 풍양 조씨 상대적 우위기, 혹은 풍양 조씨와 안동 김씨 세력 균형기로 보는 것은 타당할까?

천주교에 우호적인 안동 김씨를 제어하기 위해 풍양 조씨가 기해박해를 주도했다든가

풍조 > 안김
풍조 ≧ 안김
풍조 = 안김

조병구의 지나친 득세에 헌종이 이런 말을 했다는 야사,

"외삼촌의 목엔 칼이 안 들어 간답니까?"

기해박해 때 국청을 주도한 이는 우의정 이지연으로, 풍양 조씨와는 사돈관계였고,

김재청의 딸을 경빈으로 삼은 배경에 대한 야사 등이 근거로 거론된다.

홍재룡의 딸이 후비로 들어오자 조병현은 남양 홍씨에게 권세가 넘어갈까 봐 김재청의 딸을 경빈으로 삼게 했다.

안동 김씨의 실력자 김유근이 중풍으로 쓰러져 있던 때라 일견 타당성이 있어 보인다.

하지만 당시는 어쨌든 명경대비의 수렴청정기였고,

김홍근, 김좌근 등이 자문에 응하고 있을 때였다.

이지연은 동생 이기연과 함께 기해박해 이듬해에 탄핵을 받고 유배되었다.

이로 볼 때 이지연이 세력 확대를 꾀해 박해를 주도한 것일 수는 있어도

이를 통해 풍양 조씨가 안동 김씨를 넘어섰다거나 비슷한 권력을 구축했다는 것은 지나친 해석이라 하겠다.

그리고 김재청의 딸을 후궁으로 삼은 것은 후사를 염려한 대왕대비의 하교에서 비롯된 것이고

불행히도 중전에겐 병이 있는데… 사족 가운데 처자를 가려…

조만영, 조인영이 재상급으로 자리하고, 조병구와 조득영이 요직을 두루 거치는 등 풍양 조씨가 두드러져 보인 것은 사실이지만,

경빈으로 결정된 것 또한 며칠 간격이기는 하지만 조병현이 유배된 뒤의 일이다.

헌종 9. 8. 25. 효현 왕후(김조근의 딸) 승하.
헌종 10. 10. 18. 홍재룡의 딸을 후비로 삼다. (효정왕후)
헌종 13. 7. 18. 대왕대비가 언문교지를 내려 빈어 간택을 명.
10. 12. 윤행복이 조병현을 탄핵.
10. 17. 조병현을 거제에 도배.
10. 20. 김재청의 딸을 경빈으로.

안동 김씨에 견줄 정도는 아니었다. 어디까지나 안동 김씨가 허용한 지분을 누렸다고 봄이 옳을 듯싶다.

실컷 드시게.

같은 맥락에서 풍양 조씨는 안동 김씨와 맞서려 하지도 않았다고 보인다.

에이~ 우리는 친구 아이가?

친구? 어데? 시다바리지.

만약 그랬다면 뒷날 조병현의 사사로만 끝나지 않았으리라.

감히 우리에게 덤볐단 말이지? 명문의 화는 각오하고 했겠지?

두둑둑

＊빈어(嬪御): 임금의 첩. 늑후궁(後宮).

일찍 온 죽음

안동 김씨에 의해 쫓겨난 김정희, 조병현의 석방을 명한 왕은

헌종 15년에 들어서서도 자기 색깔을 강화해갔다. 총융사, 훈련대장, 금위대장은 물론 병조 판서까지 안동 김씨나 외척이 아닌 인물로 채웠다.

과장의 폐단에 대한 지적에도 단호함이 넘쳐났다.

일이 지난 뒤에라도 사정에 관계되었다는 말이 들리면 과장에서 농단한 죄 외에 임금의 말을 거스른 죄를 추가로 줄 것이다.

모름지기 선비라면 모두 공경이 되기를 기대하는 사람일진대 그 처음에 이미 임금을 속이는 죄를 범한다면 뒷날 어떻게 임금을 섬길 것인가?

그 부형일지라도 몰랐다고 할 수는 없으리라. 나타나는 대로 단연코 갑절 더한 율로 그 가장을 죄줄 것이다.

야사에서는 지나치게 호색했기 때문이라 하지만

왕성한 20대 초반의 나이, 호색과 죽음 사이에 그토록 밀접한 관련이 있는지는 모르겠다.

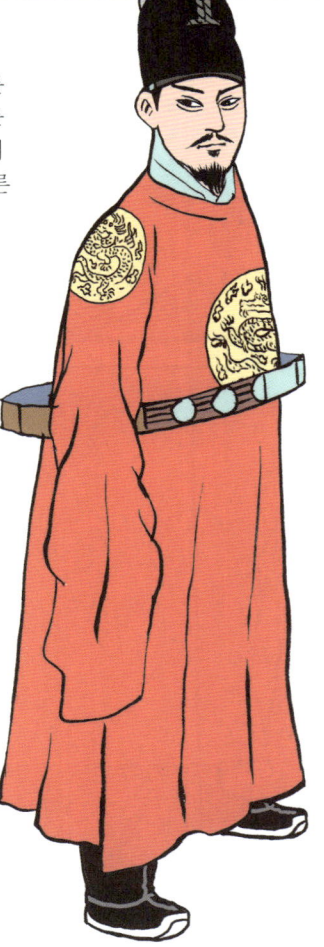

어쨌거나 외척의 세도를 넘어설 정치를 시작하던 차에 찾아온 때 이른 죽음이었다.

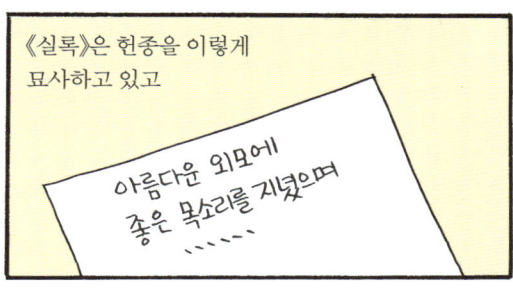

《실록》은 헌종을 이렇게 묘사하고 있고

아름다운 외모에 좋은 목소리를 지녔으며 ……

명경대비는 편지에서 의례적인 상찬에다 이렇게 덧붙이고 있다.

다른 이에 대한 칭찬이나 비난을 좋게 안 보고 곧이 곧대로 믿지 않아요.

눈치 빠르고 시기심이 있어서 …

제2장 헌종의 노력 69

사방이 온통 안동 김씨와 안동 김씨 영향력 아래 있는 인물로 가득한 터라

들어오는 정보들은 제한적일 수밖에 없었을 것이고

요건 빼고 보고하지.

오케이.

콜!

판단은 쉽지 않았다.

정보를 곧이곧대로 믿다가는 안동 김씨가 원하는 방향으로 판단하고 결정하게 된다.

명경대비의 표현대로 '눈치 빠른' 왕은 '의심'하고 한 번 더 생각했다.

그랬기에 믿을 만한
자기 사람 하나 없이도
임금이란 지위와
권한만으로 안동 김씨를
비롯한 외척의 세도를
누르고 왕권을 세우려
할 수 있었으리라.

피유우~

김좌근 고택
경기도 이천시 백사면에 있는 이 가옥은 김좌근 고택으로 불리지만, 김좌근이 죽은 후 아들 김병기가 묘지 관리 겸 별장으로 지은 것이라 한다. 2009년에 후손들이 서울대학교에 기증해 지금은 서울대학교에서 관리하고 있다.

제3장

안동 김씨 천하 II

강화 도령 원범

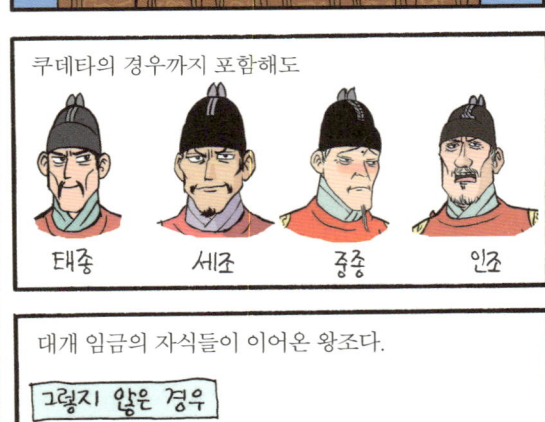

이후 예순대비(정순왕후)를 필두로

"역적 이인을…"

신하들의 격렬한 처벌 요구가 있었지만

"법에 따라…"

정조는 끝내 지켜냈다.

그러나 순조 시절, 부인과 며느리가 천주교 신도임이 드러나고, 배소에서 탈출하려다 발각되면서 결국 사사되었다.

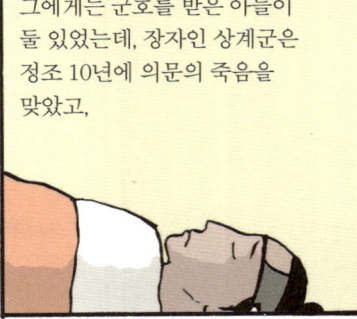

그에게는 군호를 받은 아들이 둘 있었는데, 장자인 상계군은 정조 10년에 의문의 죽음을 맞았고,

풍계군은 은전군의 양자로 입적되었다가 후사 없이 죽었다.

이광은 군호가 없었던 것으로 보아 서자였던 모양. 아비가 사사될 때 살아남아

* 군호(君號): 왕자나 종친, 훈신 등을 군(君)이라는 작위에 봉하면서 내리는 이름.

순조의 적극적인 보호와 배려 아래 결혼도 했다.

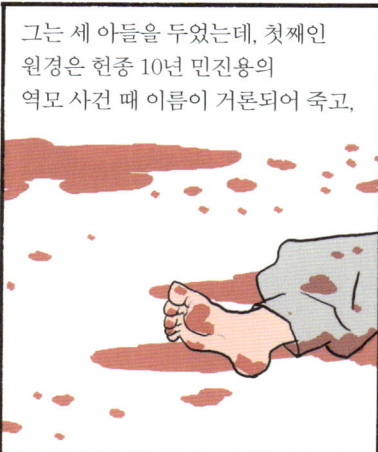
그는 세 아들을 두었는데, 첫째인 원경은 헌종 10년 민진용의 역모 사건 때 이름이 거론되어 죽고,

둘째인 경응은 생존해 있었지만

세 살 아래인 막내 원범이 후사로 정해졌다.

갑자기 대궐에서 호위대가 몰려오자

열아홉 살 총각 원범이 얼마나 놀랐을까?

아! 나도 결국 이렇게 죽는구나.

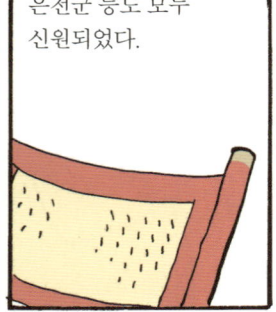

명경대비 2차 수렴청정

철종이 후사로 결정된 일을 안동 김씨의 음모로 보는 시각이 많다.

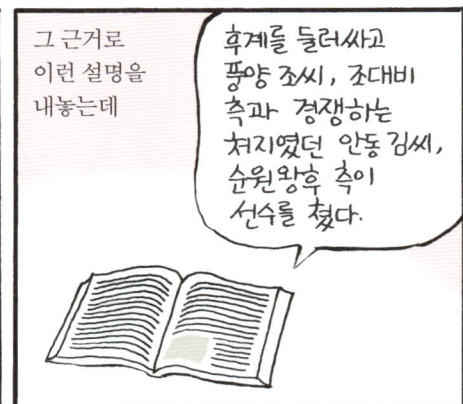

그 근거로 이런 설명을 내놓는데

후계를 둘러싸고 풍양 조씨, 조대비 측과 경쟁하는 처지였던 안동 김씨, 순원왕후 측이 선수를 쳤다.

조선 왕실의 시스템을 무시한 해석이 아닌가 한다.

후사가 정해지지 않은 채 임금이 죽으면, 후사에 대한 결정권은 왕실의 큰 어른에게 있다.

이때 왕실에는 세 명의 대비가 있었는데, 큰 어른은 두말할 것도 없이 명경대비.

명경대비 (순원왕후 순조 비)

효유대비 (신정왕후 효명세자 빈)

명헌대비 (효정왕후 헌종의 계비)

만나보니 과연 아무것도 모르는 시골 청년.

대왕대비는 새삼 막중한 책임감을 느꼈다.

다음은 왕에게 내린 언문 하교다.

이렇게 망극한 일을 당한 가운데서도 오백 년 종사를 부탁할 사람을 얻게 되어 다행스럽소. 주상은 영조의 현손으로 지난 날에 어려움도 많았고 오랫동안 시골에서 살아왔소. 하지만 옛날의 제왕 중에도 민간에서 생장한 이가 있었는데 백성의 괴로움을 알아서 빠짐없이 정사를 하면서 매양 애민을 위주로 하여 끝내는 명주(明主)가 되었소.

지금 주상도 백성의 일을 익히 알고 있을 것이오.
백성을 사랑하는 도리는 절검(節儉)보다 나은 것이 없으니 비록 밥알 한 톨이나 한 자의 베라 할지라도 백성으로부터 나오지 않은 것이 없소.
만일 절검치 않는다면 그 피해는 즉각 백성에게 돌아갈 것이고, 백성이 살 수 없으면 나라가 유지될 수 없으니 모름지기 일념으로 가다듬어 애민 두 글자를 잊지 마오. 지난 날의 공부가 비록 어떠한지는 알 수 없으나 사람이 배우지 않으면 옛일에 어둡고, 옛일에 어두우면 다스릴 수 없는 것이니 아무리 슬프고 경황이 없는 중일지라도 수시로 유신을 접견하고 경사를 토론하여 성현의 심법과 제왕의 치모(治謨)를 점차 익힌 연후라야 처사가 올바르게 되는 것이오.
위로 종사의 막중함을 생각하고 아래로 백성의 곤고(困苦)를 보살펴 공경하고 조심하며 검소하고 부지런하여 만백성이 바라고 우러르는 뜻에 부응토록 하오.
임금은 비록 극히 존귀하다고는 하나 본래부터 조정 신하들을 가벼이 여기는 법은 없으니 대신들을 예로 대하고 대신들이 아뢰는 바는 정성을 기울여 잘 듣고 마음에 새겨두기 바라오.

언문 하교는 물론 친정과 의논해서 작성되었을 것이다.

2차 수렴 때 그녀의 주요 자문관은 김좌근과 유배에서 풀려난 김흥근이다.

친정에 대한 자부심이 가득했던 그녀는 김좌근, 김흥근을 똑똑하고 충정이 있는 파트너로 보았다.

동생 좌근이 남의 말을 잘 안 듣는 흠은 있지만

다만 그녀는 친정이 지나치게 잘나가는 것을 경계했다.

철종의 비 간택과 관련해 그녀는 친정에다 이런 의견을 전달했다.

내 뜻이 우리 김씨와는 (국혼을) 아니 하고자 하는데 두 명의 왕후와 두 명의 부마(순조의 사위 김현근, 김병주)가 분수에 과한 것이 싫어서라네.

이번엔 노론, 소론 가리지 말고 (간택)하고자 하는데 어떤가? 이 문제에 대해 답해주게.

순진함마저 묻어나는 의견.

구중궁궐 속에서 친정을 깊이 신뢰하여 친정 쪽 정보만 들어온 그녀로서는

더 넓은 시야를 갖기란 어려웠을 것이다.

바로 그녀의 친정이 문제의 핵심인 것을.

막가는 안동 김씨의 세도

헌종 말 몇 년 동안
적잖은 위기감에
시달려야 했던
안동 김씨 일문에

헌종의 때 이른
죽음과

명경대비의 2차
수렴은

행복한 사태 반전이었다.

철종의 비는 결국
안동 김씨인
김문근의 딸로
결정되었다.

안동 김씨에게 맞섰거나 안동 김씨를 제어하려는 헌종의 뜻을 따랐던 이들이 제거된 것이다.

어디 건방지게 우리를 거스르고 임금 편을 들어?

조병현은 결국 사사되었다.

철종 2년, 헌종의 신주를 종묘에 모시게 되면서

진종(영조의 장자인 효장세자)을 조천하는 문제가 논의되었다.

종묘 정전에는 태조와 직계 4대조를 모시도록 했는데 새로 신주가 들어오면 5대에 해당되는 신주는 영녕전으로 옮기는데 이를 조천이라 합니다.

대왕대비에 의해 원상으로 지명되어 역할을 해오던 영의정 권돈인이 의견을 냈다.

우리 종묘에선 시조와 4친 제사가 상례이온데 성상께선 선왕의 사왕(嗣王)이시니 선왕을 부묘하면 진종 대왕은 5대로 조천하는 것이 마땅하옵니다.

＊사왕(嗣王): 왕위를 이은 임금.

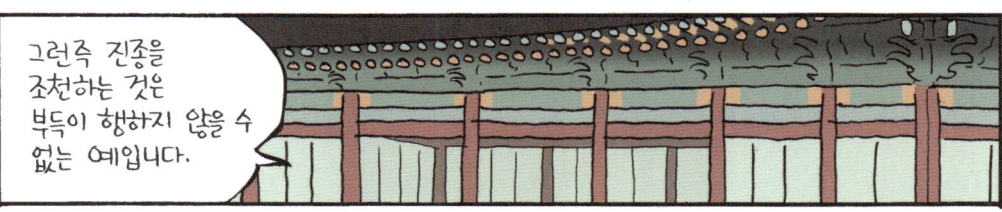

삼사는 또한 권돈인과 연계해 김정희를 탄핵했다.

"어찌 김정희처럼 지극히 흉악하고 지극히 요사한 자가 또 있겠나이까? 그는 천성이 악하고 마음이 비뚤어졌는데 약간의 재예가 있지만 정도를 등지고… 대대로 악을 행해 그 아비에 그 아들로… 권돈인과 하나가 되어 어두운 곳에서 종용하여……"

김정희는 김노경의 아들로, 안팎이 모두 왕실과 인척인 명문가 출신이다.
서른넷에 급제하여

정순왕후 가문이기도

어사, 검상, 승지 등 순탄한 벼슬 생활을 이어가는데

순조 말, 아비 김노경이 절도에 위리안치되면서

그의 관직 생활에 먹구름이 낀다.

헌종 6년, 안동 김씨 측이 김노경, 윤상도 문제를 다시 제기하면서 그는 제주 대정현에 위리안치되었다.

중국의 대학자들과 교류하여

고증학, 금석학에 몰두했던 그는 북한산순수비의 실체를 밝혀냈다.
무학대사 비가 아니고 신라의 진흥왕 순수비라는.

전서, 예서 등 모든 글씨에서 경지에 이르렀으며

8년의 제주 생활을 통해 독창적인 추사체를 확립했다.

그런데 풀려난 지 얼마 안 되어 또다시 시련을 맞게 된 것.
저 간악한 김정희를…!!!

왕은 일관되게 김정희를 옹호했으나
김정희의 일을 그렇게 논하는 것은 과하다. 윤허하지 않는다.

풍양 조씨가 순조, 헌종조에 안동 김씨에게 맞섰더라면

과연 조병현 한 사람의 사사로 끝났을까?
풍양 조씨 일문에 일대 피바람이 불지 않았을까?

우리가 잔인해서가 아냐. 권력의 생리가 본래 이래.

권력의 가장 큰 지분을 지녔으되, 다른 가문에도 지분을 나눠주고 주역인 김조순 자신은 물러나 겸양으로 처신했던 순조조의 안동 김씨 세도기를 제1기라 한다면

제2기인 헌종조는 이렇게 특징지을 수 있겠다.

여전히 다른 가문에 일부의 지분을 할애하지만 우리의 지분을 더 크게!

그리고 주역인 우리가 전면에 나서서 주도한다.

그리하여 더 공고해 보였던 안동 김씨 세도 제2기였지만 완벽하지는 않았다.

왕이 우리를 내치려고 작정하니까 흔들리더란 말씀.

안동 김씨 진영은 제2기를 반성했고

"왜 흔들렸을까?"
"생각보다 우리가 세지 않았기 때문!"
"더 강해져야 해."

안동 김씨 세도 제3기의 방향을 이렇게 잡기로 했나 보다.

"무엇 때문에 우리 몫이 될 지분을 양보하고 그래야 하지?"
"권력을 다 가져 봐. 왕이라고 어찌할 수 있겠어?"
"다 먹자!"

다음은 철종 8년에 있었던 인사에서 추린 것이다.

날짜	이름	관직
1.15.	김병학	이조 참판
2.4.	김병기	호조 판서
2.6.	김병주	홍문관 부제학
2.29.	김병교	형조 판서
3.21.	김병국	예조 판서
5.10.	김병국	우참찬
5.24.	김병교	예조 판서
6.30.	김병국	병조 판서
10.15.	김병학	대사헌

이 외에도 철종 후반기에 판서급 이상에 이름을 올린 병 자 돌림 안동 김씨들은 많다.

김병지, 김병덕, 김병윤, 김병직, 김병필, 김병집, 김병시, …

"병 자 돌림 안동 김씨라면 일자무식해도 시골 수령 정도는 할 수 있었지."

끌끌~

김병연

그렇게 안동 김씨의 전면적인 지배는 완성되었다.

"마치 총수 일가가 재벌 경영권을 완전 장악하듯 한 가문이 나라를 통째로 삼켜버렸네."
"무늬는 이씨 왕조, 실제론 김씨 왕조."

김좌근과 김흥근 외에도

철종의 장인이 된 김문근과 그의 형 김수근.

그들의 아들들인 김병기, 김병국, 김병학 등이 실세로 떠올랐다.

출셋길은 물론이요, 가문의 번창 여부가 안동 김씨 실세들과의 관계에 따라 결정되었다.

그 때문에 그들의 집 앞은 눈도장이라도 한번 찍어보려는 이들과 벼슬 청탁을 하려는 이들로 가득했다.

와글 와글

퇴청하십니까? 대감!

저 좀 봐주세요. 저 예종~

매관매직은 당연한 현상으로 자리 잡았다.

시골 현감 자리만 하나 주시면 이 은혜는...

임금 철종

얼마 뒤에는 경상도 유생 1만여 명이 소를 올려 사도세자의 추숭을 청했다.

잘못 처리하면 조정에 일대 파란을 몰고 올 수 있는 사안.

왕은 승정원을 통해 만인소의 소두에게 이렇게 전하게 했다.

유치명에 대한 처분을 내린 뒤 영남 유생의 소가 어찌하여 또 이르게 되었는가?

그대들이 소장에서 거론한 전후의 하교는 (정조의 하교) 추숭을 거론 말라 명하신 영묘의 하교보다 한 등급 낮은 것이나 극진한 것으로 지극히 슬퍼하는 마음을 크게 보이고 크게 보답하는 소망을 펴고자 하신 것이다.

그렇지 않고 다른 은미한 뜻이 있다고 여기셨다면 우리 순조 대왕의 성덕과 지극히 착하심으로 어찌 혈혹히 여겨 30년 동안 한 번도 제기하지 않으셨겠는가?

충분히 참작하고 헤아려 특별히 묻지 않겠다. 하지만 이 뒤로 또 이런 일을 장주에 올린다면 이는 고의로 범한 것이 되고 협잡이 되는 것임을 알라.

＊장주(章奏): 신하가 임금에게 올리는 글.

* 권당(捲堂): 성균관의 유생들이 항의할 일이 있을 때 시위의 한 방법으로 한꺼번에 성균관을 비우는 일.

느닷없이 오래전의 일을 갖고 시비의 단서를 일으켜 마치 새로운 이야기를 창출하는 것처럼 하며 조정의 기상을 날로 괴란시키고 있으니 실로 도깨비 같은 무리다. 정거에 그쳤던 오혁을 찬배토록 하라.

그리고 이후론 만인소, 팔도소라 칭하며 멋대로 복합(伏閤)하는 경우 소두에게 엄한 징벌을 내리겠다.

그런데도 유생들은 권당을 풀지 않고 연일 합문 밖에 나와 엎드려(伏閤) 자기주장을 계속했다.

이때의 일은 조석우란 이가 조부의 글을 간행하면서 윤선거 등을 옹호하는 내용을 포함한 데서 비롯된 것이다.

현존 정치 세력 간에 첨예하게 부딪치는 일도 아니고, 주요 정치현안은 더더욱 아니다.

윤증 부자나 이현일이나 다 힘 없는 소론, 남인 쪽 인물.

그런데도 유생들이 한 달 넘게 권당하며 완강함을 자랑한 것은 믿는 구석이 있어서였다.

제3장 안동 김씨 천하 II 109

왕은 권당의 주동자들을 불러 만났다.

용흥궁

인천광역시 강화군 강화읍에 있는 철종의 잠저다. 원래는 초가였으나 철종이 즉위한 후 기와집으로 바꿔 짓고 용흥궁이라 명명했다. 1974년에 보수했다.

제4장

민란시대

삼정의 문란

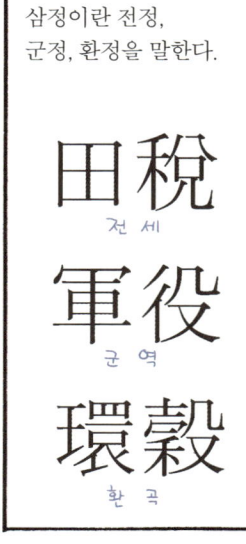

방납의 폐지로 수령, 아전 들의 손쉬운 치부의 길이 막혀버린 것.

과다한 군포 징수에 따른 폐단이 커지자 영조는 균역법을 실시해 백성의 부담을 덜어주었다.

그러나 얼마 지나지 않아 영조 말에 이미 인징, 족징 등의 폐단이 다시 나타나기 시작하더니

그 단면을 보여주는 정약용의 시다.

애절양(哀絶陽)

⋮

시아버지 죽어 상복 이미 입었고
갓난아기 배냇물도 마르지 않았건만
삼대의 이름이 군적에 실렸다.

달려가 억울함을 호소하려 해도
범 같은 문지기가 버티어 섰고
이정이 호통하며 단벌 소만 끌고 갔네.

⋮

남편 문득 칼을 갈아 방 안으로 뛰어들더니
붉은 피 자리에 낭자하여라.
스스로 한탄하네. 아이 낳은 죄로구나.

이즈음에는 황구첨정, 백골징포가 일반화된 지경에 이르렀다.

토지세든 군포든
환곡이든
이들의 손을 거쳤다.

진주민란

이후 상세한 보고를 접한 왕이 하교했다.

* 수신(帥臣): 병마절도사와 수군절도사.
* 수신(守臣): 수령.

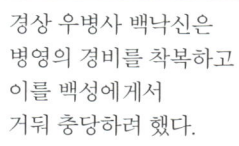
진주에서 대체 무슨 일이 일어났는가?

경상 우병사 백낙신은 병영의 경비를 착복하고 이를 백성에게서 거둬 충당하려 했다.

배당금을 내더라도 이웃이 내지 못하면 다시 와서 털어갔다.

사족, 부호 들에게도 가차 없어서

처음에는 양반들이 나서서 시정을 요구했다.

"뭔가 착오가 있는 것 같습니다. 부디 시정을…"

그러나 묵살됐고

"집에 가서 애나 보시랍니다."

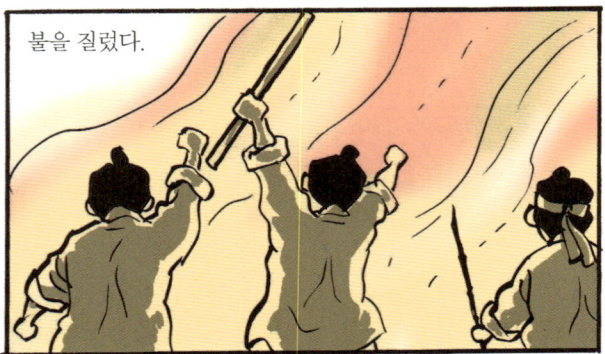

군중의 수는 날로 늘어났다.

우병사 백낙신은 붙잡혀 무릎을 꿇리었고

아전들은 타오르는 불길 속에 내던져졌다.

그렇게 분노한 백성의 대열이 열흘 넘게 진주 일대를 휩쓸었다.

민란 도미노

진주의 일이 수습되기도 전에 각지에서 백성의 봉기가 이어졌다.

경상도 성주에서는 수많은 백성이 일어나 구실아치와 토호의 집 수십 채를 파괴했다.

개령 백성 수천은 옥문을 부숴버렸는가 하면

현감을 잡아 욕보이고

구실아치 셋을 태워 죽였다.

환곡 관련 문서를 태워버렸고

읍내 토호의 집 50여 채를 불살랐다.

전라도에서는 익산에서 먼저 봉기했는데

관아로 몰려가 군수를 붙잡고는

갖은 능욕을 가했다.

옷 다 찢기고 시궁창에 처박혀 발길질 당하고 흑~

부신도 빼앗겼어요 히잉~

함평의 수천 백성도 마을을 돌며 구실아치, 양반 토호 들의 집을 불사르고

＊부신(符信): 군사를 동원할 때 사용하던 나무패. 늑발병부(發兵符), 병부(兵符)

죽창을 들고 관아로 몰려가

현감을 욕보인 뒤 고을 밖으로 내쫓았다.

그들은 한 달 가까이 자치 행정을 폈다.

장흥은 전 군수가 난의 주동자가 되어 이목을 끌었다.

부안현에서는 백성을 달래려 내려온 위무사 일행의 행차를 가로막고 그 앞에서 아전을 때려죽였다.

충청도는 초군들이 난의 중심이 되었다.

은진에서 봉기한 이들은 이웃 고을인 여산까지 가서 양반 집을 불태웠다.

그렇게 3개월여에 걸쳐 삼남 일대는 민란의 불길에 휩싸였다.

조정은 해당되는 도신, 수령, 변장 들에게 유배, 간삭 등의 벌을 내렸고

위무사를 파견해 백성을 다독이는 한편

고을마다 주동자 몇 명씩을 참수했다.

각지의 난들은 상당한 유사점들을 보여주었다.

난은 삼정의 문란, 그중에서도 특히 환곡으로 인해 일어난 경우가 많았다.

원성이 집중됐던 토호, 아전 들을 죽이고

그들의 집을 불태웠으며

적극적으로 이웃 고을과 연계하려 한 움직임도, 여러 고을을 통일적으로 묶어내려 한 시도도 없었다.

전국적인 봉기처럼 보였지만, 실상은 개별적이고 고립적인 봉기들의 릴레이였을 뿐이다.

그리고 관아를 습격하고 아전, 토호 들을 거침없이 죽이면서도

수령은 욕보이기만 했을 뿐, 약속이나 한 듯이 한 고을에서도 죽이지 않았다.

그토록 분노가 컸으면서도

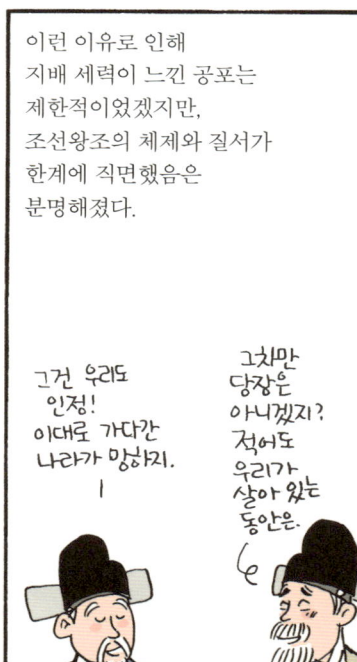

삼정 개혁 프로젝트

다른 분야는 몰라도 삼정의 문란과 관련해서만큼은 왕이 지속적으로 관심을 가져왔다.

삼정은 국가에 있어 대정(大政)인데 모두 병들어 민생이 고달프고 초췌해졌다. 그중에서도 환정은 백성에게 가장 뼈에 사무치는 폐단이 되었다. 심지어는 나눠주지도 않은 곡식을 가지고 거둬들이니 우리 백성이 장차 무엇으로 생계를 꾸리겠는가?
철종 3. 10. 22.

탐관오리의 해로움은 홍수나 맹수보다도 심해 우리 백성을 수탈하고 파산시켜가며 자신을 살찌우니…
이제부터 감사나 수령을 막론하고 부정한 물품을 받은 더러운 행위가 드러나면 갑절을 더한 형률로 다스리겠다.
철종 5. 1. 25.

(탐관오리들에 대해) 구중궁궐 깊이 있어도 들리는데 대간들 또한 듣지 않았을 리는 없을 것이다. 그런데 한결같이 입을 다물고 논핵하는 이 없으니 이래서야 어떻게 나라를 다스리겠는가? 대간을 모두 파직하라.
철종 10. 3. 5.

그러나 왕의 하교는 메아리처럼 힘이 없다.

상황은 갈수록 나빠져만 갔고

마침내 삼남의 민란을 맞이하고 말았다.

진주 안핵사 박규수가 상소해서 삼정의 개혁을 청했다.

평소 같은 생각이었던 왕은 곧바로 호응했다.

난민들이 죄에 빠진 것은 삼정이 문란한 데 따른 것인데 그중에서도 살을 베어내고 뼈를 깎는 고통으로 환곡이 가장 크옵니다.

바라옵건대 특별히 기구를 설치해 적임자를 잘 선발하시고 개혁 방안을 상세히 갖추게 하시어 한 도에서 시험해본 뒤 차례로 실시하게 하소서.

금일 삼남의 변괴는 탐오한 관리와 간사한 향임, 교활한 서리 들이 가렴주구하니 뼈를 깎고 살을 에는 고통으로 말미암아 살 수도 죽을 수도 없으므로 스스로 분수를 범하고 기강을 범하게 됨을 깨닫지 못하게 된 것이다.

* 향임(鄕任): 유향소의 일을 맡아보던 사람.

그런데 삼정 개혁은 조선 사회의 근본을 수술하는 일로, 기득권 세력의 반발을 부를 수밖에 없는 일이다.

그 때문에 민란이라는 국가적 위기상황을 활용해 강력한 지도력을 발휘해야만 시도라도 해볼 수 있는 일이다.

그런데 삼정이정청의 담당자들을 보자. 영부사 정원용, 판부사 김흥근, 판부사 김좌근, 좌의정 조두순 등이 총재관으로 선임되었고,

판돈령 김병기, 지사 김병국 등 27명이 이정청 당상관으로 임명되었다.

개혁 대상에게 개혁을 맡긴 꼴이다.

"그러니까 거 머시냐?"

"우리더러 기득권을 상당 부분 토해내라 이거 아냐?"

"푹허허허 그냥 웃지요."

왕은 어쨌든 후속 조치를 이어갔다.
신하들을 상대로 시험을 보아 개혁 방안을 책문으로 제출케 했고,

시골의 선비들에게도 벼슬을 내리며
의견 제출을 명했다.

그러는 사이 민란의 불길은 잦아들었고,

이정청은 출범한 지 3개월이 지나서야
논의의 일단을 내보였다.

전정을 바로잡는 일은 양전(量田) 뿐인데 한꺼번에 행하기엔 어려움이 있나이다.

환곡이란 그 이름이 사라져야 나라가 보존되고 백성이 편할 수 있는데 그 이자를 중외의 경비로 삼아왔으므로 대안을 요구하게 되옵니다. 그럴 경우 전결(田結)에 부과시키는 것밖에 방법이 없나이다.

예릉
철종과 철인왕후가 함께 묻힌 능이다. 경기도 고양시 소재의 서삼릉에 자리하고 있다.
인종과 인성왕후의 효릉, 장경왕후의 희릉이 함께 있어 '서삼릉'이라는 이름을 얻었다.

제5장

격변의 동아시아

아편전쟁과 중국의 굴욕

강희제에서 건륭제에 이르는 130여 년간 청은 최고의 전성기를 맛보았다.

반면 청은 건륭제 후반기에 이르러 황실과 관리들의 사치가 심해지고 부정부패가 뒤따랐다.

그동안 서양은 지리상의 발견에서 산업혁명까지 격변의 세월을 거치며 그 힘을 급격히 키웠다.

이에 민중의 생활은 곤궁해지고 백련교도의 난 등 내부의 불만이 터져 나오고 있었다.

광동 일대에 아편 흡입이 붐을 일으키더니

빠르게 내지로 번져갔다.

중국 조정은 서둘러 아편금지법을 만들었지만 소용없었다.

1816년 5,000상자이던 아편 밀수가 1838년에는 무려 4만 상자를 넘어섰다.

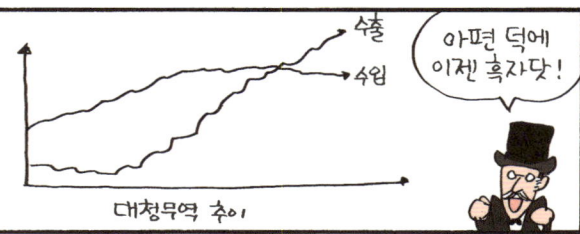
아편 덕에 이젠 흑자닷!

아편은 어느새 중국의 은을 영국으로 유출시켜 중국 재정의 위기를 불렀고

백성의 재산과 생명, 일할 의욕마저 앗아갔다.

여기 집문서를 드릴 테니 아편을…

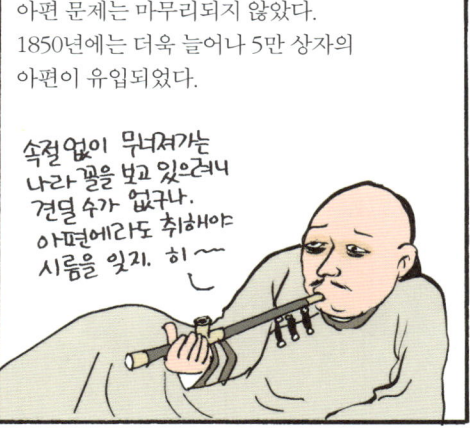

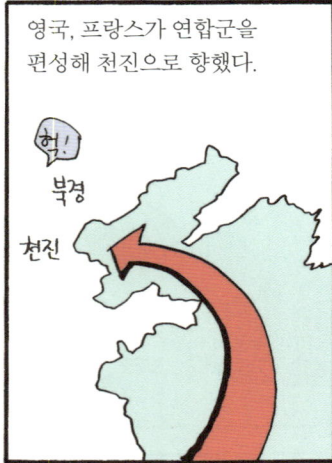

영국과 프랑스는 190척이 넘는 군함에 2만 4,000명에 이르는 대규모 원정군을 파견했다.

황제는 급히 열하로 도피했고

파죽지세의 영·프 연합군은 상륙해 살인, 강간, 방화, 약탈을 일삼으며 북경으로 향했다.

거침없이 진군하던 연합군의 발길을 붙잡은 것은

중국 황제의 이궁으로 세계의 각종 진귀한 보물, 책, 그림, 공예품을 모아놓은 원명원이었다.

장교에서 병사까지 혼연일체가 되어 훔쳐갈 수 있는 것은 다 챙긴 다음

불을 질러버렸다. 원명원은 사흘 동안 탔다. 당시 세계 최대의 도서관이자 미술관은 그렇게 사라졌다.

러시아의 중재 아래 중국과 영국·프랑스는 북경조약을 맺었다.

천진 조약 즉시 비준!

천진항 추가 개항!

중재자인 내겐 연해주 양도.

이보다 앞서 러시아는 동쪽 진출을 계속하더니 흑룡강을 넘어와 지방장관을 협박해 애혼(아이훈)조약을 체결했었다.

흑룡강 이북을 러시아 영토로!

일본은 개항으로

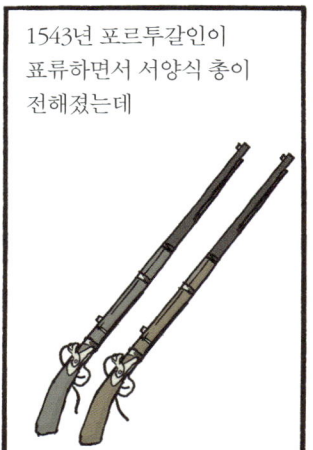

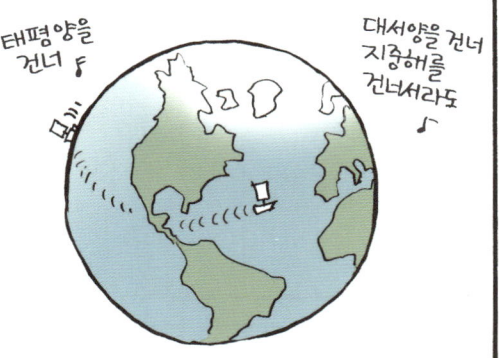

사대부의 조선 500년

제5장 격변의 동아시아

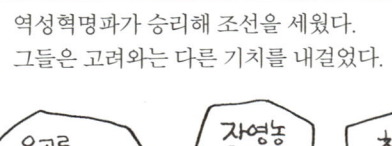

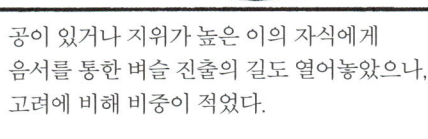

또한 양반·관리의 자제도 농민과 마찬가지로 군역을 졌다.

이들은 대개 갑사라는 궁궐 수비대에 소속되었다.

토지는 국유가 기본원칙이었다. 나라는 현직 관리에 한해 일정 규모의 토지에 대한 수조권만 주었다.

초기 홍무제에 의한 압박과 이에 대한 정도전의 반발 등 변수는 있었지만

명에 대한 사대는 조선의 기본 외교노선으로 자리 잡았다.

이는 성리학을 신봉한 데서 오는 자연스러운 귀결이자

독자적인 역법, 문자, 음악을 구축했고

인쇄술을 발전시켜 다방면의 연구서를 출판, 보급했다.

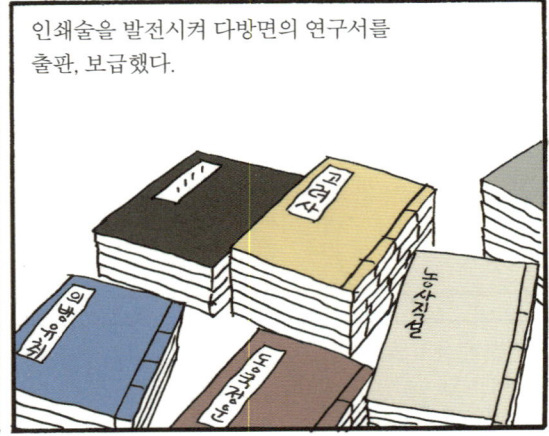

조선의 건국 세력은 부국강병을 꿈꾸었다.

무과를 설치해 문에 버금갈 만큼 무를 우대했고

군사훈련을 일상적으로 행해 군을 정예화했다.

세종과 문종은 화포, 화차의 개발에도 힘썼다.

세종 때의 북방 개척은 이렇게 준비된 군사력에 바탕을 둔 것이다.

절대왕권을 추구한 그는 무오사화, 갑자사화를 일으켜 사림은 물론 신하들 전체, 사대부 전체를 공포에 빠뜨렸다.

연산군의 반동은 중종반정으로 끝났다.

공신이 대거 책봉되었고

정국공신
1등; 박원종, 유순정, 성희안, 신윤무, 유자광, 박영문, 장정, 홍경주
2등; 유순, 김수동, 김감, 구수영 등 13인.
3등; 정미수, 강혼, 송질, 심정 등 30인.
4등; 성희옹, 신윤문 등 50여 인.

사림이 다시 진출했다.

새로이 진출한 사림의 리더 조광조가 보기에 세상은 말뿐인 유자들의 나라였다.

바른 자세로 경학을 깊이 연구하고 수신하여 군자의 길을 가야 하는데 사장(詞章)을 익혀 과거에 급제하려는 출세주의자들만 가득해.

도학을 중시한 그는 새로운 학풍을 일으켰다.

꼿꼿한 자세! 《소학》 중시! 경학 중심!

＊사장(詞章): 시와 문장.

왕의 전폭적인 신임 아래 사장 중심의 학풍을 비판하고 현량과를 도입하게 했으며

추천을 통해 숨어 있는 군자를 등용하시고,

불교, 도교 행사를 배격하고, 실력 행사를 통해 도교 행사를 주관하는 소격서를 혁파하기에 이른다.

혁파하소서

조광조 세력의 지나친 성장에 두려움을 느낀 기존 세력은 왕을 자극해

관훈 삭제 문제를 계기로 조광조를 제거하는 데 성공한다.

그렇게 사림은 다시 철퇴를 맞았다.

이후 중종 후반기에서 인종, 명종기는 권신과 척신 들이 득세하고

제5장 격변의 동아시아 175

성렬대비(문정왕후)의 통치가 이어졌다. 그녀는 사림으로서는 수용할 수 없는 불교 우대 정책을 폈다.

이 시기 사림은 주특기를 살려 다시 교육에 힘썼다. 성렬대비의 위세가 서슬 퍼랬지만 조정을 벗어나면 상황이 달랐다.

유력자의 아들들까지 이황, 조식, 성수침 등 이름 짜한 이들의 문하이거나 문하를 희망했을 만큼 사림은 이미 대세였다.

사림은 조광조 시대를 뛰어넘어 성리학의 근본원리를 탐구해갔다.

이는 무엇이며 기는 무엇인가?

이와 기의 관계는?

사단과 칠정은

성이란

경은?

성렬대비의 죽음과 함께 사림은 명실공히 시대의 주인공으로 떠올랐다.

아이고 — 대비마마 —

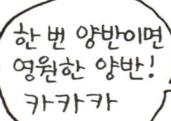

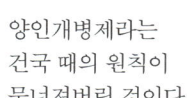

군사력은 크게 약화되었다.

명종기의 을묘왜변은 한심한 국방력의 실상을 잘 보여준다.

사림의 전면적 집권이 더욱 확연해진 선조 초를 보자.

재야엔 이황, 조식 선생 같은 대학자들이 계시고,

조정엔 기대승, 이이 같은 젊은 대학자들과

유성룡, 정철, 이산해 등의 신진들이 가득해.

이런 구성으로 정치가 잘 안 될 수도 있을까?

절대 없지.

아! 드뎌 새로운 세상이!!

그러나 사림은 이내 분열하여 당쟁에 돌입한다.

東 西

당쟁은 그 시작부터 건강하지 않았다.
현실에 대한 진단이나 방도를 둘러싼 논쟁이 아니라
스승, 지역, 친소관계에 따른 분열이요 대립이었다.

그자가 감히 우리 스승님을 깠어.

건방진!

우리는 패밀리! 단결하여 저들과 맞서야 해.

암!

변화된 세상, 새로이 드러난 현안은 관심 영역이 아니었다.

건국 초의 건강함을 잃고 중기적 문제점이 커져가는 현실에 주목한 이는 율곡 이이 정도였다.

그러나 그의 외침은 당쟁에 밀려 무력한 독백이 되고 말았다.

임진왜란은 사대부 지배체제의 문제점을 남김없이 드러내 보였다.

사대부의 수장인 선조와

끊임없이 자기 특권을 확대해온 사대부는 무능하고 무책임했다.

조선을 지킨 건 대부분 나라로부터 제대로 대접받아보지 못한 이들이었다.

난후 수습은 전면적인 혁신을 동반해야 했다. 새로운 세력이 사대부를 대체하거나

사대부 자신이 뼈아픈 자기반성을 통해 새로운 질서를 구축해야 했다.

그러나 새로운 세력은 존재하지 않았고

왕은 자기 자리 지키기에 급급했으며

사대부들은 다른 당파에 권력을 빼앗기지 않으려 골몰했다.

외적을 물리친 장수, 의병장 들은 배제한 채
난을 자초했던 이들이 고스란히 남아 조정을 장악했다.

임진왜란을 틈타 만주의 후금이 급격히 세력을 확대하고

명나라는 약화일로를 걸었다.

새 임금 광해군은 이런 정세 변화를 바로 읽고 제대로 대처한 유일한 이였다.

그러나 잔혹한 옥사, 지나친 궁궐 건축 등 내정의 실패는 반정의 빌미가 되었다.

* 재조지은(再造之恩): 거의 망하게 된 상황에서 도와주어서 다시 일어나게 해준 은혜.

사정이 이러한데도 집권 사대부는 이번에도 혁신을 꾀하지 않았다.

항복의 치욕을 말뿐인 북벌 구호를 내세워 달랬고

국가 개조 방향이 아니라 예송 논쟁에 목숨 걸고 매달렸다.

극심한 방납의 폐해에 대해 대동법을 해결책으로 마련했지만

전국화하는 데에는 무려 100년이 걸렸고

숙종 초부터 군역의 폐단을 개혁하는 것이 최대 현안이었지만

영조 26년에 이르러서야 제한적인 균역법이 마련되었다.

균역법 실시 후 환곡이 가장 큰 폐단으로 등장하더니

세도정치기를 거치면서는 삼정이 모두 문란할 대로 문란해져 외부 요인 없이도 나라가 망할 충분조건이 구비되었다.

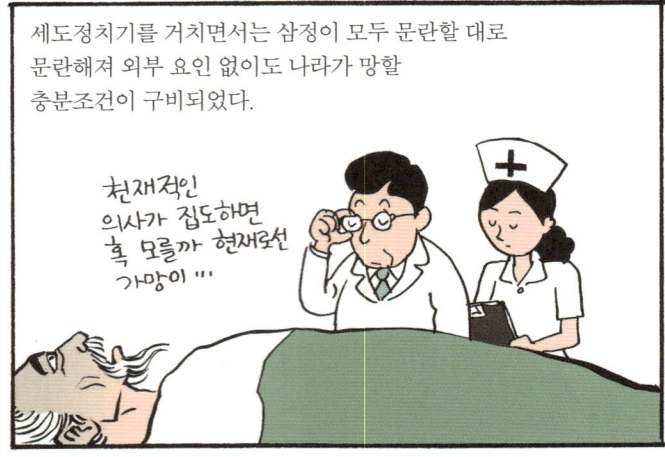

민란이 그 증거라 하겠다.

그런데 민란은 집권 사대부로 하여금 위로부터의 개혁을 실시할 절호의 기회이기도 했다.

물론 집권 세력은 언제나 그랬듯이 이익을 포기하지 않음으로써 개혁의 기회를 무산시키고 말았다.

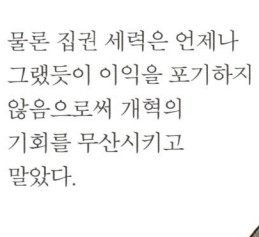

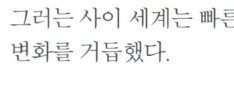

그러는 사이 세계는 빠른 변화를 거듭했다.

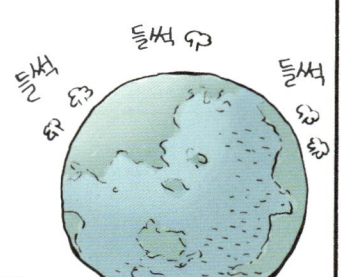

백수십 년 전에 이미 북경이라는 제한된 창구를 통해서이기는 하지만 일각의 지식인들은 다른 세상을 보았고

실학의 발흥을 가져왔다.

그러나 이는 체제 안으로 수렴되지 못했고

문체 반정! 서학 금지!

조선 사대부들이 다시 유교 경전을 뒤적이는 사이

공공공공 공자 가라사대······

외부 세계는 더욱더 빠른 변화를 겪으며 이때에 이른 것이다.

조선의 대응

아편전쟁과 그 이후의 소식은 간간이 사신을 통해 전해졌다.

북경만 보고 온 대단히 제한적이고 단편적인 정보였지만

그 내용 자체가 충분히 충격적인 것들 일색이어서

술렁

황제께서 열하로 피신을?

변화되는 거대한 흐름을 모르지 않았으리.

저들이 얼마나 세길래 붙었다 하면 중국이 판판이 깨지는 거지?

철종 11년(1860)에는 일본이 미국, 러시아 등과 조약을 체결했다는 정보도 전해졌다.

교린의 의리에 따라 알린다고 했습니다.
by 동래 부사

······

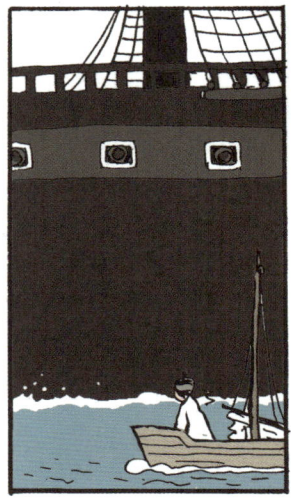
이양선의 출현도 더욱 빈번해졌다.

헌종 6년에는 가파도에 정박한 영국 배가 포를 쏘고

소를 뺏어갔다.

철종 5년에는 함경도에 나타난 이양선이 포를 쏘아 백성이 죽은 일도 있었다.

헌종 12년에는 충청도 서안에 프랑스 배가 정박했다.

해당 변장, 수령은 두려워 찾아와 보지도 않았고, 인근 백성이 접촉해 문답을 나눴다.

그리고 그들이 건넨 문서 한 통이 올라왔다.

> 대 불량서국 수사제독 원수 슬서이(세실)는 죄 없이 살해된 일에 대해 묻고자 합니다. 살피건대 1839년 불량서인 신부 셋이 있었는데 그들은 우리나라에서 신망이 높은 이들인데 귀국 고려에서 살해되었습니다.
> 이후 죽인 이유를 알아보니 국경을 넘어온 일 때문이라 하던데 중국인이나 일본인은 보호했다가 돌려보내는 것으로 알고 있습니다.
>
> 우리 황제의 신민으로 다른 나라에서 살인, 방화 같은 일을 저질렀다면 모를까 죄가 없음에도 해친 경우엔 우리 황제를 욕보인 것으로 원한을 초래함을 알아야 할 것입니다.
>
> 내년에 우리 군함이 찾아가거든 그때 회답을 주면 됩니다.
> 이후 우리나라 인민을 가혹하게 해칠 경우 귀국 고려는 큰 재해를 피할 수 없을 것입니다. ⋯ 이를 잘 알기 바랍니다.
>
> 구세(求世) 1846. 5. 8.

기해박해 때 처형된 프랑스 신부들에 대해 항의하는 글이었다.

이듬해 과연 프랑스 군함이 다시 나타났는데

"답서를 받으러."

700명이나 실은 이때의 프랑스 군함은 좌초되고 말았다.

비록 별 탈 없이 넘어갔지만, 조만간 더 강력한 외부 세력의 접근이 있으리라는 것은 중국이나 일본의 경험으로 보아도 자명했다.

그러나 이에 대한 대비는 보이지 않는다.

개항에 대한 고려도, 척사에 대한 다짐도

논쟁의 흔적도 없다.

임진왜란 직전처럼, 정묘·병자호란 직전처럼

아무런 대책 없이 그저 요행히 넘어가기를 바랄 뿐이었다.

어떻게 되겠지

반면 민간에서는 의미 있는 대응이 있었으니, 동학의 발생이다.

교주 최제우는 열일곱에 고아가 되고 장사, 유랑 등을 하며 지내다 수도에 전념한다.

東學

철종 11년(1860) 오랜 수도 생활 끝에 강력한 종교 체험을 겪었고,

주문을 만들고 포덕문을 지어 포교에 들어갔다.

侍天主造化定 永世不忘萬事知!

시천주 조화정 영세불망 만사지

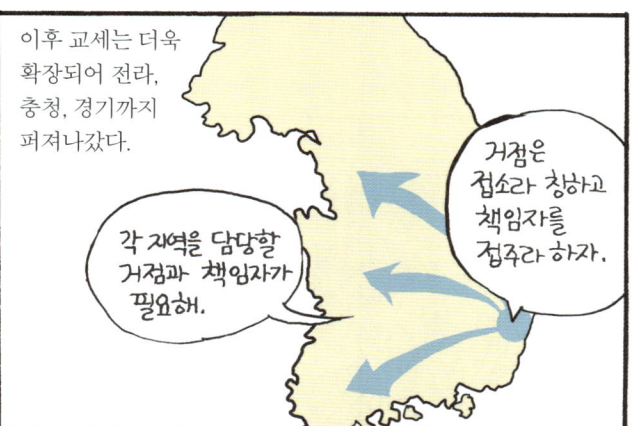

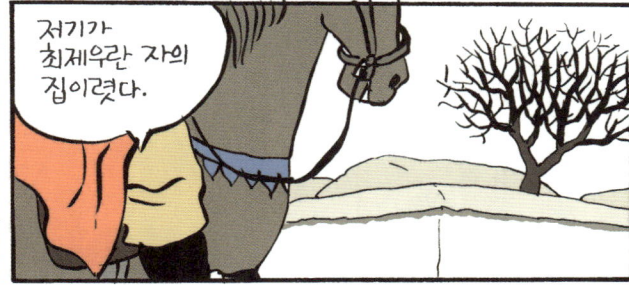

최제우는 제자들과 아무런 거리낌 없이 글을 읽고 있었다 한다.

철종 14년 11월, 철종이 승하하기 직전 최제우는 제자들과 함께 체포되고

서울로 압송된다.

철종이 떠나고

열아홉에 즉위하고

3년 만에 친정을 시작했다.

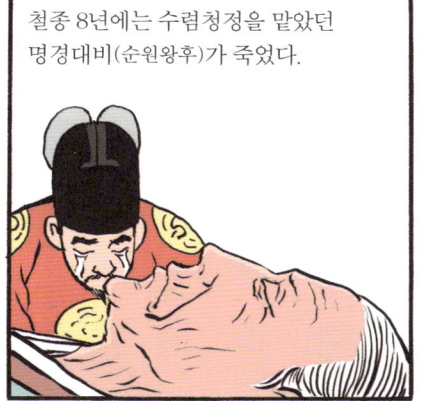
철종 8년에는 수렴청정을 맡았던 명경대비(순원왕후)가 죽었다.

이제 친정다운 친정을 펼 수 있는 환경이 어느 정도 조성되었다.
창창한 스물일곱의 나이
극정 경험 8년!

앞서 보았듯이 왕 역할을 감당할 수 있을 만큼 총명했고 위엄도 있었다.

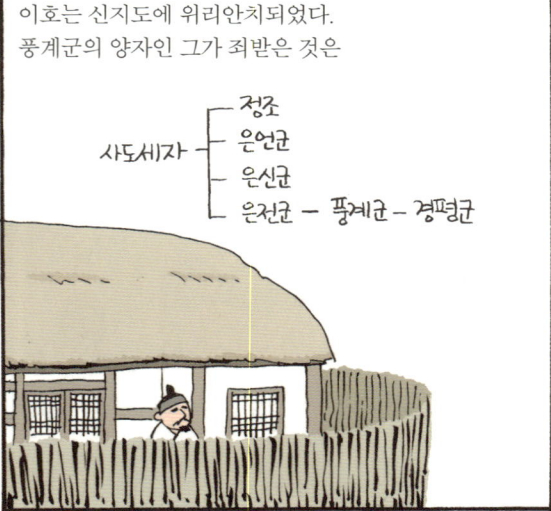

*근종(近宗): 임금의 가까운 일족.

철종 14년 12월, 두 달 넘게 이어온 병세가 급격히 악화되었다.

왕은 문안 온 대신, 각신 들을 대조전에서 불러 보고

대왕대비전에 대보를 넘긴 후

세상을 떴다.
향년 33세.

북—

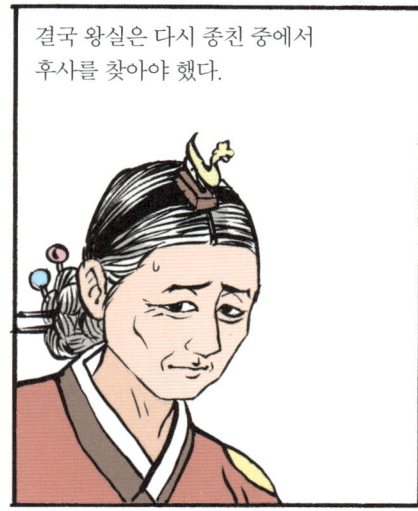

관례대로 대왕대비가 수렴청정을 맡아 정사를 이끌게 되었지만

신하들의 눈길은 새 임금의 아비에게로 향했다.

상왕인 경우 말고 임금의 아비가 생존해 있는 경우는 이번이 처음이지?

게다가 아직 44세의 왕성한 연세라는···

작가 후기

예상했던 대로 '헌종·철종' 편은 《실록》의 기록이 부실해 내용을 엮어내기가 어려웠다. 이전까지는 적당한 분량의 한 권을 만들기 위해 처음 잡은 콘티에서 많이 덜어냈다면 이번 18권은 덧붙일 게 없을까를 고민했다.

그렇다고 마지막 장에 그린 〈사대부의 조선 500년〉이 그런 고민의 산물은 아니다. 이제 조선이 본격적으로 쇠망의 길을 걸어가게 될 터인데, 그에 앞서 조선이 어떻게 여기까지 이르게 되었는지에 대한 큰 흐름을 정리할 필요가 있다고 생각했다.

바로 그 흐름 속에서 시대와 정치, 인물이 평가되어야 한다고 믿는다. 조광조로 대표되는 사림의 등장과 그 정점에 있는 이황 같은 이들도 마찬가지다. 역사적 평가는 한번 내려지면 쉬이 바뀌지 않는다. 조광조, 이황, 사림에 대한 평가는 후대 사람이 내린 것이다. 그러나 시대가 바뀐 오늘까지도 당시의 평가는 큰 수정 없이 이어지고 있다. 사림의 조선은 시대의 요구에 부응한 것이었나? 사림의 조선은 성공적이었나?

삼정의 문란은 세도정치와 결합되면서 더욱 심화되었지만, 사실상 오래전부터 이를 해결하지 않고서는 조선 사회를 바로 세울 수 없을 만큼 근본적인 문제였다. 서세동점의 물결에 대한 적절한 대응만큼이나 내부적으로 이 문제를 바로 해결하는 것이 급선무였다. 그리하여 민생을 편안케 하고 국가 재정을 넉넉히 해야 외생적 변수에 대한 대응책도 나올 수 있는 것 아니겠는가. 이 문제와 관련해 정조는 상황을 정확히 알고 있으면서도 근

본적인 수술을 시도하지 않았다. 다만 관리하고 단속하는 데 부지런했을 뿐이다. 과연 이 문제를 제쳐놓고 조선에 대한 근본적인 수술, 개혁이 가능했을까? 그래서 필자는 정조의 개혁과 관련한 많은 해석이 판타지에 가깝다고 생각한다. 이 역시 흐름 속에서 보아야 할 것이다.

부실하기 이를 데 없는 기록에서 그나마 헌종이 안동 김씨에게 제대로 맞서보려 했다는 것과 철종이 꽤 안목과 자질을 갖춘 인물이었음을 볼 수 있었던 것은 수확이었다.
남은 두 권은 '고종' 편으로, 1910년 국권피탈 때까지를 다룰 생각이다. 《고종실록》, 《순종실록》이 일제의 감독 아래 이루어진 것이긴 하지만, 조선 '왕조'실록인 만큼 조선 왕조가 망하는 날까지 다루는 게 옳다는 생각에서다.

《헌종·철종실록》 연표

1834 헌종 즉위년
11.18 왕이 숭정문에서 즉위하다.
11.19 대행왕의 묘호를 순종으로 하고(철종 때 이르러 순조로 개칭) 효명세자를 추증해 익종으로 하다.

1835 헌종 1년
1. 5 대왕대비(명경대비)가 중비(이조나 병조의 추천 없이)로 조인영을 이조 판서에 제수하다.
4.19 순조를 장사 지내다.
7.19 김유근을 훈련도감 대장, 조만영을 어영청 대장으로 삼다.
8.25 과장에서 소란을 일으킨 유생들을 정거시키고, 그 아비의 죄를 무겁게 묻도록 하다.

1836 헌종 2년
1. 8 대왕대비가 하직하는 수령들을 희정당으로 불러 선정을 당부하다.
9. 5 대왕대비가 수령을 가려 뽑을 것을 이조와 병조에 당부하다.
12.23 부도죄인 남응중과 남경중을 사형에 처하다.

1837 헌종 3년
3.18 김조근의 딸을 책봉해 왕비로 삼다.
5.12 대왕대비가 징계를 받은 수령이 이내 복귀하는 문제를 지적하다.
11.25 신하들이 오순 기념 잔치를 청하자 이에 반대하며 '여군(女君)'이라는 표현을 쓰다.

1838 헌종 4년
4.25 새로 급제한 김좌근을 부교리에 제수하다.
윤 4.13 《순조실록》이 완성되다.
윤 4.27 중비로 김조근을 총융사에 제수하다.
6.10 흉년 구제책에 대해 서유구가 농업 전문가다운 소를 올리다.
6.20 중추부 판사 심상규가 졸하다.
7.20 조만영을 훈련도감 대장에 제수하다.
7.21 김조근을 어영청 대장에 제수하다.
7.30 조인영을 대제학으로 삼다.
9. 9 김조근을 공조 판서로 삼다.
12.25 수령, 변장으로 처음 벼슬살이하는 사람들을 희정당에서 불러 보다.

1839 헌종 5년
3. 5 우의정 이지연이 사학의 일을 끝까지 파헤칠 것을 청하니 따르다.
4.12 사학죄인 아홉 명을 참수하다.
5.25 대왕대비가 사학을 징계하고 다스리는 일에 소홀하며 지체되고 있다고 지적하다.
6. 6 대왕대비가 조세를 나르는 배의 침몰 등이 늘어나는 데 대해 간사한 폐단이 있는 것 같다며 엄중한 처리를 명하다.
6.10 사학죄인 여덟 명을 참수하다.
7.13 비변사의 건의를 받아들여 오가작통법을 거듭 밝혀 사학죄인의 연좌를 강화하기로 하다.
7.26 사학죄인 여섯 명을 참수하다.
8.14 서양인 신부 세 명을 포함해 관련자들을 추국하고 참수하다.
8.19 사학죄인 아홉 명을 참수하다.
10.18 척사윤음을 내리다.
12.28 사학죄인 세 명을 참수하다.

1840 헌종 6년
3.25 사신으로 청나라에 다녀온 이정리가 청나라에서 천주학을 금했다는 것, 영국이 변경을 어지럽힌다는 등의 정보를 아뢰고 황제의 아편 금지령을 별도 문서로 올리다.
7.10 대사헌 김홍근이 윤상도, 김노경 문제를 제기하며 처벌을 청하다.
7.12 김노경의 생전 벼슬을 빼앗다.
8.11 윤상도를 대역부도로 능지처사하다.(익종의 대상에 대관으로서 박종훈, 유상량을 논하며 효명세자의 덕망을 무함한 죄였다.)
8.30 윤상도의 상소를 부추긴 혐의로 허성을 죽이다.
9. 4 우의정 조인영이 김정희의 처리를 청하자 증거가 없으니 사형을 감함이 마땅하다며 제주도 대정현에 위리안치를 명하다.
10. 6 이지연, 이기연 형제를 향리로 쫓아내라고 명하다.
10.14 이지연을 유배하고 이기연은 절도에 안치하다.
12.17 김유근이 졸하다.
12.25 대왕대비가 수렴청정을 거두다.
12.30 제주 모슬포에 영국 배 두 척이 정박해 포를 쏘고 소를 잡아가다.

1841 헌종 7년
4.22 김홍근을 좌의정으로, 정원용을 우의정으로 삼다.
8. 8 중추부 판사 박종훈이 졸하다.
9. 4 영의정 조인영의 사퇴를 허락하다.
12. 6 영국이 일으킨 난이 정리되었다는 보고에 다행이라고 답하다.

1842 헌종 8년
1. 4 김좌근을 이조 판서에 제수하다.
1. 7 조인영을 영의정으로 삼다.
6.29 조병현에게 이조 판서를 제수하다.
9.12 조인영의 사직을 허락하다.
11. 6 김홍근이 졸하다.

1843 헌종 9년
1. 8 김좌근을 병조 판서로 삼다.

4. 6 좌의정 정원용이 소를 올려 사직을 청하니 허락하다.
5. 2 홍봉한의 신주를 사당에 영구히 보존하고 제사를 지내게 하라고 명하다.
7. 3 김홍근을 호조 판서에 임명하다.
8.25 김홍근에게 예조 판서를 제수하다. 중궁(효현왕후)이 대조전에서 승하하다.

1844 헌종 10년

1. 3 김조근이 졸하다.
5.15 중비로 조병귀를 병조 판서에 제수하다.
6.16 산청현의 패서 죄인 김유선 등을 효수하고, 문덕규 등을 절도에 보내 종으로 삼게 하다.
6.20 삼가현의 흉서 죄인 진유권을 효수하고 이화근을 절도에 보내 종으로 삼도록 하다.
6.28 비변사에서 각도의 보군미(保軍米) 변통 절목을 고쳐 올리다.
8.10 전 영의정 조인영과 전 좌의정 권돈인을 다시 재상으로 삼으라고 이르다.
8.21 민진용을 대역부도로 능지처사하다.
9. 4 민순용을 대역부도로 능지처사하다.
10.18 홍재룡의 딸을 후비(효정왕후)로 삼다.

1845 헌종 11년

1.20 조병구를 이조 판서로 삼다.
6.29 영국 배가 호남, 제주 바다 등지에 나타나서 측량한다는 보고가 올라오다.
7. 5 조병현을 병조 판서로 삼다.
7. 6 김홍근을 이조 판서로 삼다.
11.11 조병구가 졸하다.

1846 헌종 12년

1.14 무예별감들이 무리지어 대전과 가까운 곳에서 소란을 피우자 영의정 권돈인의 건의에 따라 내영을 혁파하다.
4.14 김홍근을 이조 판서에, 조병현을 병조 판서에 제수하다.
5.20 황해도 관찰사가 김대건을 잡아 가두자 의정부에서 엄히 조사하게 하다.
6.15 이유수를 금위영 대장으로, 이응식을 총융사로 삼다.
6.23 비변사가 홍주 외연도에서 올린 이양선 관련 보고에 제대로 응대하지 못한 해당 수군절도사를 파면, 조사할 것을 청하니 따르다.
7. 3 충청도 관찰사가 장계를 올려 이양선과 섬 백성이 문답한 기록과 프랑스 신부 살해에 항의하고 내년에 답장을 받으러 오겠다는 내용을 담은 이양인의 글을 올리다.
7.13 홍경모를 이조 판서에, 서희순을 병조 판서에 제수하다.
7.14 김홍근을 좌참찬으로 조병현을 예조 판서로 삼다.
7.15 이양인(불랑국)이 올린 글과 김대건 문제를 어떻게 처리할 것인지 영의정 권돈인과 의논하다.
7.20 이유수를 공조 판서, 김좌근을 병조 판서로 삼다.
7.25 김대건의 효수를 명하다.
7.29 사학죄인 현석문의 효수를 명하다.
8. 5 숙위가 소홀하다며 총융청을 총위영으로 만들고 숙위를 엄하게 할 것을 하교하다.
8.12 명천에서 사사로이 화폐를 만든 황철운 등 네 명을 효수하다.
10.14 조만영이 졸하다.

1847 헌종 13년

1. 9 중비로 서희순을 이조 판서에 제수하다.
1.10 박기수를 병조 판서로 삼다.
1.27 중비로 서희순을 총위영 대장에 제수하다.
3.12 김좌근을 병조 판서로 삼다.
5.13 탐오한 수령들에 대한 법률을 강화하라고 명하다.
5.16 조병현을 병조 판서에 제수하다.
5.24 우의정 박회수가 장률(수령들의 탐오죄) 개정의 폐단을 아뢰었으나 왕은 탐오한 수령들의 처벌에 대한 법률을 강화하라고 다시 하교하다.
7.18 대왕대비가 언문 교지를 내려 후사를 위해 빈을 간택할 것을 요구하다.
10.12 정언 윤행복이 조병현을 탄핵하는 소를 올리다.
10.14 양사가 연명으로 조병현의 유배를 청하다.
10.17 조병현을 거제에 유배하다.
10.20 주부 김재청의 딸을 경빈으로 삼다.
11. 1 삼사의 거듭된 요구에 조병현의 유배처에 가시울타리를 치도록 하다.

1848 헌종 14년

1.19 중비로 서좌보를 병조 판서에 제수하다.
5. 9 아편을 빼는 기구를 가져오다 의주에서 붙잡힌 박희영을 추자도로 보내 종으로 삼다.
7. 4 정원용을 영의정으로, 김도희를 좌의정으로 삼다.
7. 5 조학년을 이조 판서에, 조기영을 병조 판서에 제수하다.
7.17 대사간 서상교가 경상도 관찰사 김홍근의 귀양을 청하다.
7.23 김홍근을 삭직하고, 대간이 고요하다며 대사헌과 대사간을 파직하다.
7.25 대간들이 김홍근의 귀양을 청하자 받아들이다.
9.12 서상오를 어영청 대장으로 삼다.
10.25 구언에 응해 이조 정랑 유의정이 김홍근 유배를 비판하는 소를 올리자 좌줄 뜻을 보이다. 이에 영의정 정원용이 만류하자 파직으로 응대하다.

10.26 양사에서 연명해 유의정의 추국을 청하니 받아들이다.
10.27 유의정과 관련해 이목연, 이승헌이 추국당하고 유배되다.
12. 6 조병현, 김정희의 석방을 명하다.
12.29 이해 여름 이래 이양선이 경상, 전라, 강원, 함경 등지에 셀 수 없이 여러 번 출몰했다는 사실을 기록하다.

1849 헌종 15년
1.17 이응식을 총위사로, 임성고를 훈련도감 대장으로, 신관호를 금위영 대장으로 삼다.
1.24 이약우를 이조 판서에 제수하다.
2.21 과장의 폐단과 관련해 단호한 교시를 내리다.
3. 5 대왕대비의 뜻을 받들어 이기연과 이학수의 석방을 명하다.
4.10 체기에서 비롯된 병환에 의원이 들어와 진찰하다.
5.14 얼굴에는 부기가 있고 먹은 뒤 배가 거북하다고 밝히다.
5.17 이응식을 훈련도감 대장에, 서상오를 총위영 대장에 제수하다.
6. 6 대보를 대왕대비전에 바치라고 명하고, 창덕궁 중희당에서 승하하다.

1849 철종 즉위년
6. 9 인정문에서 즉위하다. 대왕대비가 왕에게 언문 교지를 내려 나아갈 바를 가르치다.
6.17 대원군 이광의 작호를 전계로 하다.
6.28 총위영의 명칭을 총융청으로 복구하다.
7.14 전 정언 강한혁이 조병현과 윤치영을 탄핵하다.
7.23 대왕대비가 조병현과 윤치영 등을 섬으로 귀양을 보내다.
7.29 조병현에게 위리를 더하고 윤치영 등에게는 안치를 더하다.

8.20 조병현에게 가극하고 윤치영 등에게 위리를 더하다.
8.23 조병현을 사사하다.
11.15 김병기에게 홍문관 부제학을 제수하다.
12.17 김좌근을 선혜청 당상으로 삼다.
12.26 김좌근을 규장각 제학으로 삼다.

1850 철종 1년
3.27 조두순을 병조 판서에 제수하다.
3.30 김보근을 형조 판서에 제수하다.
4. 9 김좌근을 총융사로 삼다.
4.14 김수근을 공조 판서로 임명하다.
5.17 김보근을 형조 판서로 임명하다.
5.22 하직하는 병마절도사와 수군절도사, 수령들을 불러보다.
10. 6 조인영을 영의정에, 권돈인을 우의정에 제수하다.
10.10 김좌근을 금위영 대장으로 삼다.
12. 6 조인영이 졸하다.

1851 철종 2년
2. 2 김흥근을 좌의정으로 삼다.
4. 4 김좌근에게 훈련도감 대장을 제수하다.
6. 9 헌종대왕의 신주를 종묘에 모신 후 진종대왕의 위패를 영녕전으로 옮기는 문제를 논의하다. 권돈인이 예에 맞지 않는다며 반대하다.
6.15 왕이 진종대왕의 위패를 옮기는 일이 부득이함을 피력하다.
6.25 권돈인을 삭출하다.
7.12 교리 김회명이 권돈인에게 해당률을 적용할 것과 김정희를 절도에 유배할 것을 청하다.
7.13 권돈인을 중도부처하다.
7.22 김정희를 멀리 북청부로 유배를 보내다.
윤 8.24 희정당에서 중궁전의 삼간택을 거행하고, 전 승지 김문근을 영은부원군으로 삼다.
10.12 권돈인을 더 멀리 순흥부로 귀양을 보내다.
12.28 대왕대비가 수렴청정을 거두다.

1852 철종 3년
1. 5 김수근을 이조 판서로 삼다.
1.13 김문근에게 금위영 대장을 제수하다.
6.17 조기영을 병조 판서에 제수하다.
10.22 삼정, 특히 환곡의 폐단과 백성의 고통을 말하고, 수령들에게 방책을 받아서 관찰사를 통해 올리라고 이르다.

1853 철종 4년
2.25 김좌근을 영의정으로 삼다.
5.11 이경순을 총융사에 제수하다.
5.16 늘 강화부에 대해서는 한번 뜻을 보이려 했다며 강화부의 유생과 무사들에게 시험을 실시해 뽑도록 하다.
10. 5 김수근에게 병조 판서를 제수하다.
10.10 조병현의 죄를 씻어주라는 명을 내리다.

1854 철종 5년
1.25 탐관오리의 해로움을 말하고 경고하다.
4.27 이양선이 포를 쏘아 백성이 죽었는데 이에 대해 묻지도 못한 영흥, 덕원 부사를 죄줄 것을 비변사가 청하다.
6.12 대사헌 강시영이 함경도 연해읍에 이국선이 와서 교역하는 폐단을 엄중하게 타이르고 경계할 것을 청하다.
7.10 아들을 낳은 궁인 박씨를 귀인에 봉하다.

1855 철종 6년
1.18 인릉, 수릉, 휘경원의 천장을 의논하여

결정하다.
4.18 홍인한의 관작 회복을 명하다.
4.20 대간의 강력한 반대로 홍인한에 대한 명을 거두다.
5.15 경상도 유생 1만여 명이 소를 올려 경모궁(사도세자) 추숭을 거론하자 대사헌 유장환이 영남 유생을 죄줄 것을 청하다. 왕이 영남 유생의 소두를 불러 경모궁 추숭과 관련해 입장을 밝히다.
7.22 경모궁 추숭의 전례를 거론한 호군 권재대를 찬배하다.
8. 2 오혁 등 팔도의 유생 3,416명이 윤선거, 윤증, 조석우, 이현일을 탄핵하는 소를 올리자 소두를 정거 조치하다.
8. 8 박홍양이 오혁을 비판하다. 팔도의 유생들이 다시 소를 올리다.
8.13 성균관 유생들이 박홍양의 처벌을 요구하며 성균관을 비우다.
9. 1 느닷없이 70~80년 뒤에 와서 시비의 단서를 일으킨다며 오혁을 귀양 보내라고 명하고, 만인소·팔도소라 부르며 대궐 문 앞에 엎드려 소를 올릴 경우 소두를 엄벌하겠다고 경고하다.
11. 6 섬에 안치한 유치명 등을 석방하다.

1856 철종 7년

1. 3 김병기를 훈련도감 대장 겸 이조 판서로 삼다.
7. 2 김보근을 이조 판서에, 조병기를 병조 판서에 제수하다.
8.27 황해도 위유사에게 탕은, 단목, 호초를 내리며 관찰사와 더불어 구휼에 힘쓰도록 당부하다.
10. 6 인릉을 발인할 때 망곡하다.
10.10 김정희가 졸하다.

1857 철종 8년

1.15 김병학을 이조 참판으로 삼다.
2. 4 김병기에게 호조 판서를 제수하다.
2. 6 김병주를 홍문관 부제학에 제수하다.
2.29 김병교를 형조 판서로 삼다.
3.21 김병국을 예조 판서로 삼다.
6. 9 박숭종, 박자흥 부자의 관작을 돌려주다.
8. 4 대왕대비가 양심합에서 승하하다.

1858 철종 9년

4. 1 김좌근에게 영의정을, 조두순에게 좌의정을 제수하다.
10.17 원자가 탄생하다.
10.25 홍인한의 관작을 회복하다.
11. 9 상계군 이담, 풍계군 이당, 회평군 이명에게 정1품을 증직하다.

1859 철종 10년

1.12 정원용을 영의정으로 삼다.
3. 5 방백, 수령의 탐오에 대해 말하지 않는 대간을 파직하다.
3. 6 사헌부 집의 정재영이 소를 올려 전 평안도 관찰사 김기만, 경상도 관찰사 심경택, 전라도 관찰사 조휘림, 전 통제사 유상정 등 10명을 논죄하니 우선 간삭시키라 명하다.
3.30 내의원에서 희정당에 들어가 진찰했는데, 원자를 안고 나와 여러 신하에게 보이다.
4. 2 전 평안도 관찰사 김기만을 용담현에, 전 경상도 관찰사 심경택을 중화부에 정배하다.
4.15 권돈인을 풀어주라고 명했으나 이미 하루 전에 유배지에서 졸하다.
4.23 원자가 졸하다.
5. 5 박회수를 좌의정으로 삼다.
7. 5 찬배 죄인 김기만과 심경택을 향리로 방축하다.
10. 7 순원왕후의 부묘제를 행하다.
10.13 궁인 조씨가 아들을 낳다.

1860 철종 11년

7.18 과장을 단단히 경계하라고 명하고, 사사로움이 개입될 경우 임금의 말을 따르지 않은 벌로 다스리겠다고 하교하다.
8. 8 일본이 노서아, 불란서, 영길리, 아묵리가 등 네 나라와 통화(通貨)했다는 소식을 전해오다.
8.29 탐관오리의 약탈과 착취를 엄히 경계할 것을 의정부에 명하다.
11. 2 대사헌 서대순이 소를 올려 안동 김씨의 세도를 비판한 경평군 이호를 탄핵하자 이호의 문외출송을 명하다.
11. 4 대신들이 연명으로 차자를 올려 이호의 위리안치를 청하니 따르다.
11. 6 이호를 강진현 신지도에 유배하고 집 둘레에 가시울타리를 쳐서 가두다.

1861 철종 12년

1.15 귀인 조씨가 아들을 낳다.
3.26 과장에서 화폐가 나돈 데 대해 샅샅이 조사해 처벌하라고 명하다.
3.27 청나라에 다녀온 사신들에게 청나라의 정세를 묻자 양이와 억지로 화친했으나 천하가 어지럽다고 답하다.
4. 3 과시에 편법을 행한 이들을 합격자 명부에서 삭제하고 10년간 과거를 보지 못하게 하다.
4.25 조성하가 급제하니 풍은부원군의 신주를 모신 사당에 승지를 보내 제사를 올리게 하다.
6. 1 중추부 영사 박회수가 졸하다.
6.10 대간이 말하지 않는 풍토에 대해 질타하다.
6.19 열하사를 불러 청나라의 정세를 묻다.
9.30 의원이 희정당에 들어 살피는 자리에서,

가작(加作)의 폐단과 이에 대해 벌을 줄 것을 청하지 않는 의정부를 질책하다.
11. 1 훈련도감의 마군·보군과 별기군에서 60명을 가려 임시로 무예별감을 설치하고, 훈련도감 출신 50명을 군오(軍俉)에 옮겨 충당케 하다.
11. 7 임금을 기만하고 부도한 짓을 했다며 염종수를 참수하다.

1862 철종 13년

2.29 경상도 관찰사 이돈영이 진주에서 민란이 발생했다고 보고하다.
4. 2 익산군에서 민란이 발생해 전라도 관찰사 김시연의 관직과 지위를 빼앗다.
4. 4 경상 안핵사가 진주민란의 원인은 경상우도 병마절도사 백낙신의 탐학이라고 보고하다.
4.10 백낙신에 대해 엄히 형신하고 절도에 정배하되 사면이 있더라도 포함시키지 말라고 명하다.
4.17 경상도 관찰사가 개령 백성이 민란을 일으켰다고 보고하다.
4.21 전라도 가도사가 함평에서 민란이 발생했다고 보고하다.
5.12 회덕 백성의 소요가 보고되다.
5.20 연산현 초군들의 소요가 보고되다.
5.21 은진 백성의 소요가 보고되다.
5.25 삼정의 폐단을 개혁할 기구를 설치할 것을 결정하다.
5.26 삼정의 폐단을 개혁할 기구의 이름을 이정청으로 정하고, 이정청을 담당할 당상관을 정하다. 각 읍의 서원 중 사액서원을 빼고 경술년(철종 1) 이후에 새로 지은 서원은 모두 철거할 것을 명하다.
5.29 생사당의 철거를 명하다. 경상도 관찰사가 선산, 상주, 거창 백성의 소요를 보고하다.

6.12 환정의 폐단에 대해 2품 이상의 신하들이 의견을 논의하여 그 결과를 올릴 것과 전세, 군정에 대해서도 폐단을 바로잡을 방법에 대해 써서 바치라고 명하다.
6.18 유현들에게 삼정의 폐단을 바로잡을 의견을 개진할 것과 올라와 벼슬할 것을 촉구하다.
7.17 대신들을 접견한 자리에서 중추부 영사 정원용이 포도청이 조사한 사초를 보건대 포도청에서 처리할 사안이 아니라고 아뢰다.
7.25 국청에서 죄인 이하전을 제주에 안치하라고 명하다.
7.26 추국을 행하고 국청죄인 김순성을 참하다.
7.27 밀고한 이재두에게 중추부 동지사를 제수하다.
8.11 이하전의 사사를 명하다.
8.27 좌의정 조두순이 환곡을 폐지할 경우 그 급대를 전결에 부과시켜야 한다는 것과 정당치 못하게 전결에 첨부하는 것을 엄금할 것을 아뢰다.
윤 8. 8 궁인 이씨가 아들을 낳다.
윤 8.11 이정청 당상들을 불러 의견을 묻다.
10.29 비변사의 아룀에 따라 삼정을 다시 옛 규칙에 따라 행하게 하다.

1863 철종 14년

2. 7 휘경원을 옮길 뜻을 말하니 대신들이 동의하다.
5.29 청나라의 사서《이십일사약편》에 조선 왕실에 대해 잘못 기록된 것을 보고 사신을 보내 문제를 제기하자 청나라 조정이 수용했다는 보고가 다다르다.
7.30 가극 죄인 김시연, 위리 죄인 백낙신 등을 대거 고향으로 돌려보내다.
9.18 익평군 이희가 졸하다.
11. 6 김문근이 졸하다.

12. 8 대보를 대왕대비전(효유대비)에 보내다. 묘시에 창덕궁 대조전에서 승하하다.

조선과 세계

조선사

- 1834　헌종 즉위
- 1835　서유구, 《임원경제십육지》 완성
- 1836　정약용 사망
- 1837　김조근의 딸을 책봉해 왕비로 삼음
- 1838　《순조실록》 완성
- 1839　서양인 신부 세 명을 추국하고 참수
- 1840　헌종 친정 시작
- 1841　성균관에 인일제 실시
- 1842　청의 표류민을 육로로 돌려보냄
- 1843　효현왕후 사망
- 1844　헌종, 홍재룡의 딸을 후비로 삼음
- 1845　영국 배가 호남, 제주도 등지에서 측량
- 1846　총융청을 총위영으로 개칭
- 1847　프랑스 제독의 서신에 답신
- 1848　이양선이 여러 번 출몰
- 1849　헌종 사망, 철종 즉위
- 1850　조인영 사망
- 1851　안동 김씨가 세도가문으로 복귀
- 1852　철종, 환곡의 폐단을 논의
- 1853　러시아 함대, 동해안 측량
- 1854　이양선이 포를 쏘아 백성 여러 명 사망
- 1855　유생들이 사도세자 추숭 거론
- 1856　김정희 사망
- 1857　순원왕후 사망
- 1858　원자 출생
- 1859　영국 배가 부산에서 통상을 요구
- 1860　최제우, 동학 창시
- 1861　김정호, 《대동여지도》 목판 인쇄
- 1862　진주민란, 제주민란 발생
- 1863　철종 사망

세계사

- 영국, 빈민구제법 개정안 의결
- 독일, 철도 개통
- 프랑스, 루이 나폴레옹 쿠데타 실패
- 영국, 빅토리아 여왕 즉위
- 영국, 차티스트 운동 전개
- 청, 임칙서, 영국 상선의 아편 상자를 불태움
- 청, 영국과 아편전쟁 발발
- 영국, 홍콩 점령
- 청, 영국과 난징조약 체결
- 미국, 애드거 앨런 포, 《검은 고양이》 발표
- 그리스, 입헌정체 채택
- 미국, 텍사스주 병합
- 영국, 곡물법 폐지
- 독일, 마르크스, 공산주의자동맹 결성
- 빈, 3월혁명
- 인도, 영국과의 시크 전쟁 종식
- 청, 홍수전의 태평천국운동
- 프랑스, 루이 나폴레옹, 쿠데타로 정권 장악
- 프랑스, 제2제정 시작
- 러시아, 크림 전쟁 발발
- 미국, 페리 제독이 일본 강제 개항
- 멕시코, 자유주의 혁명 성공
- 청, 애로호 사건
- 무굴제국 멸망
- 청, 4개국과 톈진조약 체결
- 영국, 다윈, 《종의 기원》 출간
- 이탈리아, 가리발디, 남부 이탈리아 정복
- 미국, 남북전쟁 발발
- 프로이센, 비스마르크, 총리 취임
- 미국, 링컨 대통령, 노예해방령 선포

The Veritable Records of the Joseon Dynasty

In the Joseon Dynasty, there were always officials who followed and monitored the king. They slept in the room adjacent to where the king slept, and they attended every meeting the king held. The king could not go hunting or meet a person secretly without these officials being present.

These officials were called 'Sagwan,' and they observed and recorded all details of daily events involving the king in turns, things that the king said, and things that happened to him. The drafts created by them were called 'Sacho.' Even the king himself was not allowed to read those drafts, and the compilation process only began after the king's death.

When the king passed away, the highest ranking governmental official would be appointed as the chief historical compiler. A research team would collect all the drafts and relevant supporting materials, select important records with historical significance, and organize them in a chronological order. The finished product was usually called 'Sillok,' which means Veritable records.

The Veritable Records of the Joseon Dynasty features a most magnificent scale, as it is a record of all the events that occurred over 472 years, from the reign of King Taejo to the reign of the 25th King Cheoljong (1392~1863). It consists of 1,893 volumes and 888 books (total of 64 million Chinese characters). It was registered as a World Cultural Heritage in Records, by UNESCO in 1997.

Source: A Korean History for International Readers, Humanist, 2010.

Summary

The Veritable Records of King Heonjong and Cheoljong

Internal Worries and Troubles Abroad

At the age of eight, Heonjong ascended to the throne, succeeding Sunjo. In the initial years of his reign, Queen Dowager Sunwon, who relied entirely upon the Andong Kim Clan, conducted state affairs as regent. At the age of 15, Sunjo claimed sovereignty, but political affairs still passed through the Border Defense Council, a de facto arm of the Andong Kim Clan. However, as Heonjong grew to adulthood, he became keenly aware of the negative effects of in-law politics, so he made efforts to cut off clan influence from military affairs. Heonjong consolidated his royal authority, guarding against the corruption of the magistrates, a known consequence of the Confucian literati system. He was capable of political maneuvering, successfully suppressing the influence of the Andong Kim Clan as well as the other in-law clans, with nothing but his status as king to help him. However, Heonjong was unable to leave a specific and lasting mark on the Joseon government, since at the age of 23, he died without a chosen heir to the throne.

With no heir from the direct family line, Heonjong's successor was chosen from among the royal relatives. Thus the grandson of Jeongjo's brother, Yi Wonbeom—more widely known as Cheoljong—was appointed to the throne. Since Cheoljong had grown up farming in the countryside, Queen Dowager Sinjeong conducted state affairs as regent. Cheoljong claimed sovereignty three years later, after attending Confucian royal lectures and familiarizing himself with Queen Dowager Sinjeong's political agenda. Having spent time among the people, Cheoljong understood the needs of his subject. As a result, he often criticized the corruption of magistrates and the three levies tax management. However, his words were mostly futile due to the deeply rooted power of the Andong Kim Clan.

As long as the in-law system prevailed, politics and administration fell into disorder and corrupt officials held sway over the government. The impoverishment of the people ignited riots, and the pillars of the state slowly began to collapse.

세계기록유산, 《조선왕조실록》

《조선왕조실록》이란?

　　《조선왕조실록》은 국보 제151호이자 유네스코 세계기록유산(1997년 지정)으로 조선 건국에서부터 철종까지 472년간을 편년체로 서술한 역사 기록물이다. 총 1,893권, 888책이며, 한글로 번역할 경우 300여 쪽의 단행본 400권을 훌쩍 넘는 분량이다. 철종 이후의 기록인 《고종실록》과 《순종실록》도 있으나 이것은 일본의 지배하에 편찬된 터라 통상 《조선왕조실록》으로 분류하지 않는다. 《단종실록》, 《연산군일기》, 《선조실록》, 《철종실록》처럼 기록이 부실한 경우도 있는데 정변이나 전쟁, 세도정치라는 시대 상황이 낳은 결과이다. 또한 《선조수정실록》, 《현종개수실록》, 《숙종실록보궐정오》, 《경종수정실록》처럼 뒷날에 집권한 당파의 요구에 의해 새로 편찬된 경우도 있다. 하지만 원본인 《선조실록》, 《현종실록》, 《숙종실록》, 《경종실록》을 폐기하지 않고 함께 보존함으로써 당대를 더욱 정확히 알게 해준다. 이렇듯 《조선왕조실록》은 그 기록의 풍부함과 엄정함에 더해 놀라운 기록 보존 정신까지 보여주는 우리 선조들의 위대한 유산이다.

《조선왕조실록》은 어떻게 기록되었나?

　　조선은 왕이 사관이 없는 자리에서 관리를 만나는 것을 엄격히 금지했다. 또한 왕은 원칙적으로 사관의 기록(사초)을 볼 수 없었다. 신하들도 마찬가지여서 실록청 담당관을 제외하고는 누구도 볼 수 없었다. 그래서 사관들은 왕이나 권력자의 눈치를 보지 않고 보고 들은 일들을 있는 그대로 기록할 수 있었다. 왕이 죽으면 실록청이 만들어지고 모든 사관의 사초가 제출된다. 여기에 여타 관청의 기록까지 참조하여 실록이 편찬된다. 해당 실록이 완성되고 나면 사초는 모두 물에 씻겨졌다(세초). 이렇게 만들어진 실록은 여러 곳의 사고에 나누어 보관되는데, 이 또한 후대 왕은 물론 신하들도 열람할 수 없도록 했다. 선대의 왕들에 대한 기록이나 평가로 인해 필화 사건이 생기지 않도록 한 것이다. 이 같은 원칙들이 철저히 지켜졌기에 《조선왕조실록》이 오늘날까지 존재할 수 있었다.

도움을 받은 책들

《국역 조선왕조실록 CD-ROM》, 서울시스템주식회사, 1995.
강순제 외, 《역사인물 초상화 대사전》, 현암사, 2003.
강준만, 《한국 근대사 산책》 1, 인물과사상사, 2008.
고성훈 외, 《민란의 시대》, 가람기획, 2004.
권오창, 《인물화로 보는 조선시대 우리 옷》, 현암사, 1999.
김문식·신병주, 《조선 왕실 기록문화의 꽃, 의궤》, 돌베개, 2005.
김학준, 《서양인들이 관찰한 후기 조선》, 서강대학교 출판부, 2010.
김희영, 《이야기 일본사》, 청아출판사, 2004.
김희영, 《이야기 중국사》, 청아출판사, 1996.
박경희, 《연표와 사진으로 보는 일본사》, 일빛, 2003.
박영규, 《조선의 왕실과 외척》, 김영사, 2003.
박영규, 《한 권으로 읽는 조선왕조실록》, 들녘, 1996.
신명호, 《조선왕비실록》, 역사의아침, 2007.
신명호, 《조선의 왕》, 가람기획, 1998.
윤정란, 《조선의 왕비》, 차림, 1999.
이성무, 《조선시대 당쟁사》 2, 동방미디어, 2002.
이성무, 《조선왕조사》 2, 동방미디어, 1999.
이승희 역주, 《순원왕후의 한글편지》, 푸른역사, 2010.
이이화, 《이이화의 한국사 이야기》 16, 한길사, 2009.
중국사학회, 《중국역사박물관》 10, 범우사, 2005.
최범서, 《야사로 보는 조선의 역사》 2, 가람기획, 2004.
패트리샤 버클리 에브리 지음, 이동진·윤미경 옮김, 《케임브리지 중국사》, 시공사, 2003.
한국고문서학회, 《조선시대 생활사》, 역사비평사, 1996.
한국생활사박물관 편찬위원회, 《한국생활사박물관》 10, 사계절, 2004.
한국역사연구회, 《조선시대 사람들은 어떻게 살았을까》 1·2, 청년사, 2005.
홍순민, 《우리 궁궐 이야기》, 청년사, 2002.
황현 지음, 허경진 옮김, 《매천야록》, 서해문집, 2009.

박시백의 조선왕조실록 18 헌종·철종실록

1판 1쇄 발행일 2011년 11월 21일
2판 1쇄 발행일 2015년 6월 22일
3판 1쇄 발행일 2021년 3월 15일
4판 1쇄 발행일 2024년 6월 24일

지은이 박시백

발행인 김학원
발행처 (주)휴머니스트출판그룹
출판등록 제313-2007-000007호(2007년 1월 5일)
주소 (03991) 서울시 마포구 동교로23길 76(연남동)
전화 02-335-4422 **팩스** 02-334-3427
저자·독자 서비스 humanist@humanistbooks.com
홈페이지 www.humanistbooks.com
유튜브 youtube.com/user/humanistma **포스트** post.naver.com/hmcv
페이스북 facebook.com/hmcv2001 **인스타그램** @humanist_insta

편집주간 황서현 **편집** 최인영 박나영 강창훈 김선경 이영란 **디자인** 김태형 **사진** 권태균 **영문 초록** 홍지윤
번역 감수 김동택 David Elkins **조판** 프린웍스 **용지** 화인페이퍼 **인쇄** 삼조인쇄 **제본** 해피문화사

ⓒ 박시백, 2024

ISBN 979-11-7087-180-4 07910
ISBN 979-11-7087-162-0 07910(세트)

• 이 책은 저작권법에 따라 보호받는 저작물이므로 무단 전재와 무단 복제를 금합니다.
• 이 책의 전부 또는 일부를 이용하려면 반드시 저자와 (주)휴머니스트출판그룹의 동의를 받아야 합니다.

( ) 이름, 재위년
생몰년 ━━ 배우자 │ 직계

안동 김씨 세력

김유근   김흥근   김홍근   김좌근

용성부대부인 염씨

― 26대 고종

25대 철종 哲宗
(변昪, 1849~1863
1831~1863) ━━ 철인왕후 김씨
1837~1878 ━━ 후궁 7명

└ 영혜옹주

조인영

조선왕조실록 연표
헌종·철종

- **헌종 즉위**
  명경대비(순원왕후) 수렴청정, 효명세자를 익종으로 추숭

- **기해박해**
  프랑스 신부 세 명 등, 천주교도 70여 명 참수

- **청과 영국, 남경조약 체결**
  1차 아편전쟁(1840~1842)의 결과

| 1834 (헌종 즉위년) | 1837 (헌종 3) | 1839 (헌종 5) | 1840 (헌종 6) | 1842 (헌종 8) | 1846 (헌종 12) |

- **김조근의 딸을 왕비로 책봉**
  안동 김씨, 2대에 걸쳐 왕비 배출

- **헌종, 친정 시작**

- **김대건 순교**
  조선인 최초의 신부

- 철종 즉위
- 일본, 미국에 의해 강제 개항
  일미화친조약(1854),
  일미수호통상조약(1858) 체결
- 청·영·프, 러시아 중재로 북경조약 체결
  2차 아편전쟁(1856~1860)의 결과
- 진주 민란
  전국 70여 고을에서 민란 발생

| 1849 (철종 즉위년) | 1852 (철종 3) | 1854 (철종 5) | 1860 (철종 11) | 1861 (철종 12) | 1862 (철종 13) |

- 환곡의 폐단 논의
- 최제우, 동학 창시
- 김정호, 《대동여지도》 편찬
- 삼정이정청 설치

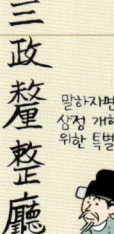

조선왕조실록 가계도 및 주요 인물
헌종·철종

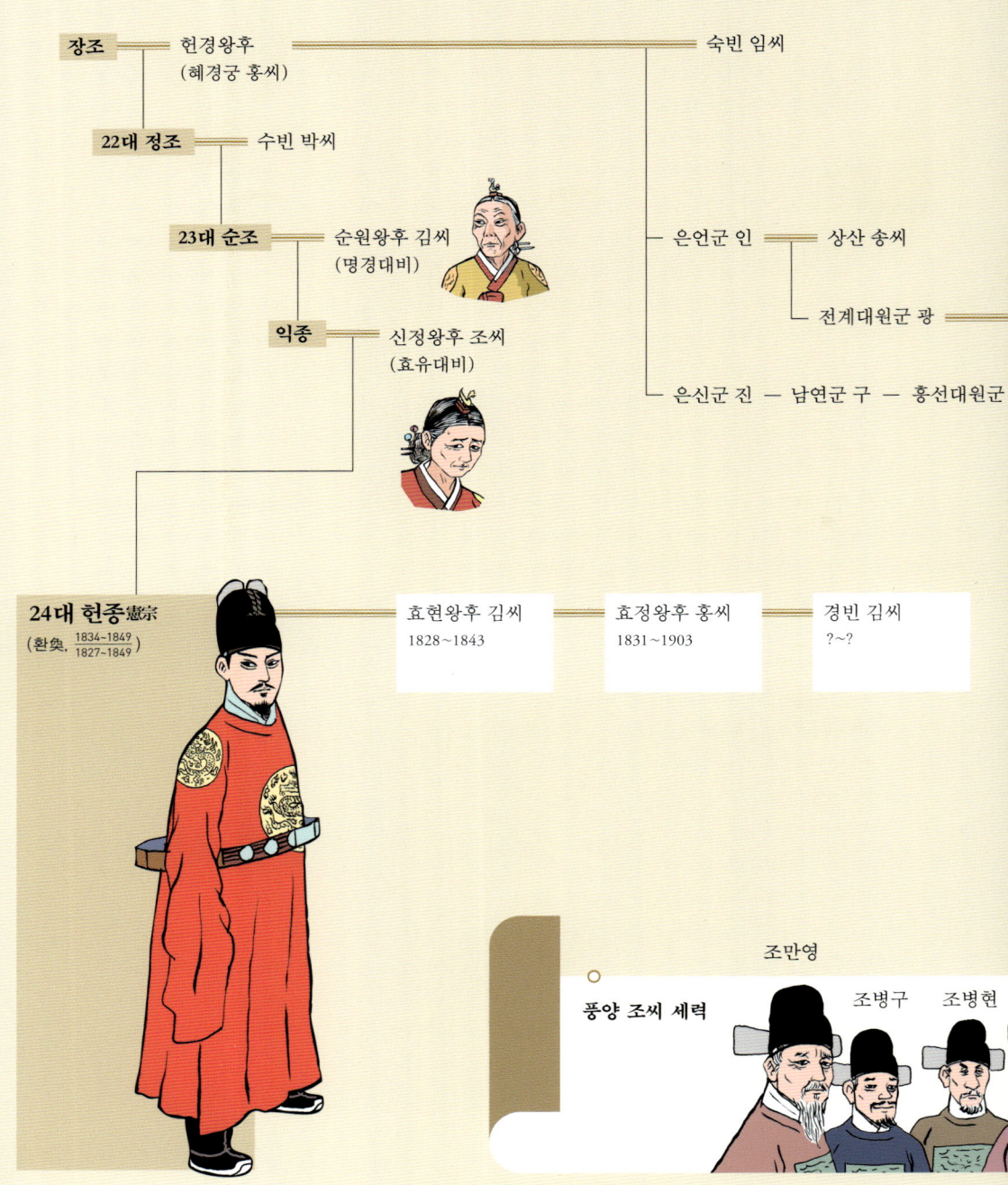